항공사 업무 가이드

기적의 항공 서비스
영어·일어회화
Airline Business Guide

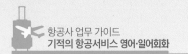

Preface

'따로 또 같이'

우리는 그 동안 항공서비스 관련 공부를 업무에 따라, 언어에 따라, 나누어 놓고 각각 따로 따로 학습해 오지 않았나 하는 생각을 한다.

세상의 모든 일은 각각 존재하는 듯 하지만 유기적으로 밀접하게 연결되어 있다. 원인과 결과와 같은 인과관계, 하나에 변화가 있으면 그에 따라 다른 하나에도 변화가 생기는 상관관계 등등, 떼어 놓을 수 없는 그 무엇으로 이어져 있다.

항공사의 업무도 마찬가지가 아닌가 한다. 각각의 업무들인 예약, 탑승수속, 비행업무를 거쳐 도착지에의 승객하기 까지 모든 업무는 각각 존재하지만 물 흐르듯 자연스럽고 편안하게 이루어져야 성공적인 항송서비스업무라고 할 수 있다.

또한, 한 항공기에 탑승한 승객들은 각각 좌석에 앉아 있지만 이들은 같은 목적지를 향하고 있으며 같은 서비스를 받고자 하는 마음을 가지고 있다. 이 항공기의 승객들은 모두 같은 언어를 구사할까? 다양한 언어를 구사하는, 다양한 국적의 승객들이 최고의 서비스를 받고자 하는 같은 기대를 가지고 있을 것이다. 이때 그들의 언어를 유창하게 사용한다면 그들에게는 그것이 해외에서 만난 최고의 서비스가 될 것이다.

이에 이 책에서는 항공사의 업무 흐름에 따른 대화문을 통해 항공사에서 지상근무요원으로, 또는 객실승무원으로 일하고자 하는 분들이 항공사 업무의 흐름을 이해하기 쉽게 하였다. 또한 각각의 대화문은 항공서비스인이라면 꼭 섭렵해야 하는 만국공통어 영어와, 우리나라와 경제적, 문화적으로 밀접하게 관련이 있는 나라, 일본의 언어, 일본어로 이루어져 있어 같은 상황에서 같은 의미의 표현을 영어와 일본어로 같이 익힐 수 있도록 하였다. 이에 항공서비스 업무이해 및 같은 상황에서의 두 언어표현을 쉽게 습득할 수 있을 것으로 본다.

이 책은 항공서비스업에 꿈을 두고 준비 중에 있는 분들 만을 위한 것이 아니다. 이미 항공서비스업에서 본인의 꿈을 이룬 분들도 업무에 필요한 영어와 일어 표현을 습득해야 한다면 그 상황에 맞는 단원(Chapter)을 찾아 필요에 맞는 적절한 학습을 할 수 있다. 아무쪼록 이 책이 항공서비스업에 뜻을 두고 있는 모든 분들에게 업무적, 언어적 도움이 되기를 바란다.

저자 낭귀임, 전수미

Contents

Contents

Chapter 01

Reservation 예약

항공사 업무 가이드
기적의 항공서비스
영어·일어회화

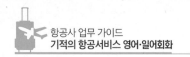

 1. 항공회사

　항공사는 항공기를 사용하여 승객과 화물을 안전하게 목적지까지 운송해주는데 그 목적을 두고 있으며, 그 과정에서 항공예약 및 발권, 탑승수속, 객실서비스, 수하물 인도 등 다양한 서비스를 필요로 한다.

 2. 항공회사 업무

　판매, 예약, 발권, 운송, 객실, 운항, 정비

 3. 항공영어

1) **IATA** : International Air Transport Association 국제항공운송협회
2) **galley** : 항공기 안에 취사실,
　aisle : (비행기의) 통로
3) **divert** : 회항하다, **delay** : 연착하다.
4) **Stand-by** : 대기하고 있는 상태
5) **full** : 만석
6) **Aircraft type** : 제작회사에 따른 항공기 종류(기종)
7) **cockpit** : 조종실(cockpit crew = captain = Pilot : 기장, 조종사)
8) **예약 필수 사항** : 승객성명, 여정, 전화번호(E-mail)
9) **boarding gate** : 탑승구(boarding pass : 탑승권)
10) **departure** : 출발(arrival : 도착)

11) **turbulence** : (기류변화에 의한) 기체 동요

12) **reservation** : 예약 = booking

13) **E-Ticket(전자항공권)** : 컴퓨터로 표를 생성하고 정보를 데이터베이스에 저장하여 항공권을 예약 승객의 E-mail로 송부하게 되며, 승객은 이메일로 받은 항공권을 소지하게 됨.

14) **cancel** : 취소, 취소되다.

15) **Transit(통과, 경유)** :
   ① 항공기를 갈아타는 일에 파생되는 포괄적인 용어.
   ② 공항 밖으로 나가지 않고 면세구역 내에서 항공기를 갈아타기 위해 대기하는 환승여객(Transfer passenger)
      ※ <STOP OVER(S/O) : 경유지에서 24시간 이상 체류하는 것.>

16) **Direct Flight(직항)** : 중간 기착지는 있으나 항공기가 교체되지 않고 목적지까지 같은 항공기로 운항되는 항공편으로 중간기착지의 횟수는 제한이 없다.(비교 : non-stop flight)

17) **UM** : Unaccompanied minor(6-12세의 어린이 승객으로 보호자나 동반자가 없을 때. 유아 : 생후 7일 이상에서 만2세 미만, 소아 보호자를 동반한 만2세 이상에서 만12세 미만의 어린이)

18) **duty free** : 면세품 또는 면세점

19) **Over booking** : 판매 가능 좌석수보다 많은 수가 예약된 상태.

20) **passenger** : 승객(PAX)

21) **Check-in** : 탑승수속

22) **cabin attendant = cabin crew = flight attendant(steward)**

23) **ON TIME** : 정시

24) **Baggage Tag** : 수하물에 부착되는 짐표로서 승객의 목적지, 항공편, Baggage Claim 의 번호 등이 적혀 있다.

25) **ETD** : Estimated time of flight's Departure(항공기 출발 예정시간)
   STD(scheduled time of departure) : 출발시간(스케줄상)
   ATD(actual time of departure) : 실제출발시간

26) **ETA** : Estimated time of flight's arrival(항공기 도착 예정시간)

   STA(scheduled time of arrival) : 도착시간(스케줄 상)

   ATA(actual time of arrival) : 실제도착시간

27) **기내반입 수하물** : 가로, 세로, 폭 모두 합하여 115cm

28) **탑승수속** : 모든 여행자들이 갖추어야 하는 기본 서류는 Passport, Visa, Vaccination(예방접종)

29) **출국수속** : Customs, Immigration, Quarantine의 순서. 입국수속은 출국수속과 반대의 순서.

30) **Passenger 관련 Special SVC Code** : VIP/CIP, TWOV, UNMR, STCH, WCHR, BSCT, NOSH, CHD, INF, GSH, BKG

4. 항공 CODE

1 국내선 도시와 공항 CODE(3 LETTER CODE)

CJJ	CHEONGJU	PUS	PUSAN
CJU	JEJU	SEL	SEOUL
GMP	GIMPO	YNY	YANGYANG

2 도시 CODE(3 LETTER CODE)

TYO	TOKYO	ROM	ROME
OSA	OSAKA	MOW	MOSCOW
BKK	BANGKOK	BOS	BOSTON
HKG	HONGKONG	HNL	HONOLULU
JKT	JAKARTA	NYC	NEW YORK
KUL	KUALALUMPUR	LAX	LOS ANGELES
MNL	MANILA	SFO	SANFRANCISCO

SHA	SHANGHAI	SAO	SAO PAULO
SYD	SYDNEY	PAR	PARIS
SIN	SINGAPORE	FRA	FRANKFURT
TPE	TAIPEI	LON	LONDON

3 항공사(2 LETTER CODE)

AA	American Airlines	JL	Japan Airlines
AC	Air Canada	KE	Korean Air
AF	Air France	LH	Lufthansa German Airlines
BA	British Airways	MH	Malaysia Airlines System
CA	Air China	OZ	Asiana airlines
CX	Cathay Pacific	SQ	Singapore Airlines
DL	Delta Airlines	TG	Thai Airways International
LJ	JIN AIR	ZE	EASTER JET
TW	T'WAY	BX	AIR BUSAN
7C	JEJU AIR	NH	ALL NIPPON AIRWAYS

4 월(3 LETTER CODE : 앞 3자리 알파벳)과 요일

1월	2월	3월	4월	5월	6월
JAN	FEB	MAR	APR	MAY	JUN
7월	8월	9월	10월	11월	12월
JUL	AUG	SEP	OCT	NOV	DEC
월	화	수	목	금	토	일
1	2	3	4	5	6	7

5 국가 CODE

DE Germany	CN China	BR Brazil
AU Australia	JP Japan	NZ New Zealand
CA Canada	SG Singapore	KR Korea, Republic of
PH Philippines	US United States of America	

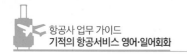

 5. 항공편명 : 정기편(3자리), 임시편(4자리)

KE :	0	1	7
	first digit	second digit	third digit

1) first digit : 해당 운항편의 국제선, 국내선 여부 및 국가나 지역 등 운항지역을 나타낸다.

2) second digit : 해당 항공편의 여객기, 화물기 구별.(여객편 : 0, 1, 2, 3, 4, 5, 6, 7. 화물편 : 8,9)

3) third digit : 동일 구간에 다수의 항공편이 운항되는 경우, 출발편과 도착편 등.

First Digit의 표시	의미	First Digit의 표시	의미
0	미주지역(북중남미)	7	일본
0, 1, 2	국내선	8	중국 및 대양주
6	동남아지역	9	중동 및 유럽

미주	001(도쿄 호놀룰루), 005(라스베이거스 11:50) 017, 011, 061(로스앤젤레스 11:40), 081, 085(뉴욕14:15), 061(상파울루, LA 경유, 26:05) 071(벤쿠버), 073(토론토)
동남아/인도	651, 659(방콕), 633, 629(발리), 473(말레)
중국	855, 853(베이징)
유럽	901, 903(파리 11:55) 917(취리히 11:20)
대양주	111(괌) 131(난디 10:10)
중동	951(두바이 9:45), 957(텔아비브)
일본	703, 705(도쿄), 765, 795(삿포로)
국내선	1101 김포-부산 55, 1201김포-제주 1:05

<대한항공 기준>

6. 항공기 등록번호

운항이 되는 각 항공기에는 등록번호가 있다.

우리나라의 경우 국적기호 "HL", 등록기호는 4자리 숫자로 이루어진다. "HL"은 국제전기통신연합(ITU : International Telecommunication Union)의 무선통신위원회에서 국가별로 지정한 무선국 부호이며, 국가별로 틀리다. 예를 들어 미국은 "N", 중국은 "B", 일본은 "JA", 북한은 "P"이다.

출처 https://blog.naver.com/chkh0814/221188959476

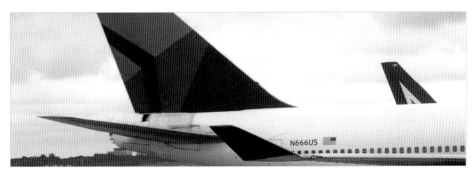

출처 https://blog.naver.com/ejihwan/220458596872

출처 https://blog.naver.com/rhfvm1111/221104256311

출처 https://cafe.naver.com/flight2007/55213

7. 항공기

1) **블랙박스** : 비행정보 기록 장치. 25시간동안 저장. 교신내용+조종사들의 대화내용.

2) **Boeing** : 시카고가 본사. B7xx로 표기.

3) **Airbus** : 1967년 유럽 4개국인 프, 독, 영, 스페인이 항공기를 제작하여, 미국의 보잉사에 대항하기 위해 설립. 본사는 프랑스. 1972년 A300(최초개발한 항공기) A3xx로 표기. 하늘을 나는 호텔이라 불리는 A380.

4) **항공기 가격** : 700억-3000억. 주문생산. 리스제도가 많음. A380은 4,600억 정도임.

5) **항공기연료** : 인천에서 LA까지 약 127톤 안팎(유조차 16대의 양). 15-30분 여유 비행분량을 추가 탑재.

6) **항공기의 외부 구조** : 동체, 날개, 엔진, 랜딩기어, 도어

7) **항공기 객실구조의 구역을 나누는 기준** : 비상구의 문과 문 사이로 구분하여 class 나 Zone 으로 나눔. 대형기, 중형기, 소형기 구분기준은 Aisle 또는 Door의 수 와 관련됨.

① 대형기 : A380 B747 B777. 최대 12,822Km. 10시간 이상. 순항속도 916Km

② 중형기 : A330 A340 B767. ABCD Zone. 5-10시간. 순항속도 840Km/hr

③ 소형기 : A321 B737. 전방(FWD) 후방(AFT) Zone. 5시간 전후. 순항속도 840Km.

8) **FIRST CLASS(FR/CL, F/C, F)** : E/Y의 4-5배 요금(뉴욕왕복 1,100만 정도)

BUSINESS CLASS(PR/CL, C) : E/Y의 2-3배 가격(뉴욕왕복 680만 정도)

ECONOMY CLASS(EY/CL, E/Y, Y) : 뉴욕왕복 200-300만 정도

8. 국적항공사

1) **FSC(Full Service Carrier)**

대한항공(KE) : 항공기 보유대수 160대, 운항노선은 45개국 127개 도시.

아시아나항공(OZ) : 항공기 보유대수 83대, 운항노선은 25개국 76개 도시.

2) **LCC(Low Cost Carrier)**

제주항공(7C), 진에어(LJ), 이스타항공(ZE), 티웨이항공(TW), 에어부산(BX), 에 어서울(RS)

<A380-800> 출처: 대한항공 홈페이지

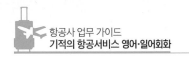

9. 외국항공회사(OAL : Other Airline)

1) 아랍에미리트항공(EK), 카타르항공(QR), 싱가포르항공(SQ),

2) 타이항공(TG), 캐세이패시픽항공(CX), 델타항공(DL), 일본항공(JL),

3) 아나항공(NH), 동방항공(MU), 말레이시아항공(MH), 영국항공(BA)

10. 여객운송업무

1 탑승수속

모든 여행자들이 갖추어야 하는 기본 서류는 Passport, Visa, Vaccination(예방접종)이다. 여행하는 해당 국가에 따라 비자와 예방 접종 증명서는 생략이 가능하다. 예외국가를 제외한 대부분의 국가는 비자 없이 3개월간 체류가 가능하므로 비자를 발급받지 않아도 된다.

병무신고서는 25세 이상임에도 불구하고 병역의무를 마치지 못하였거나 의무종사 기간을 종료하지 못한 30세 미만의 남자 여행자가 해당되며 병무청 홈피에서 국외여행허가증명서를 발급받아서 출국당일 법무부 심사대에서 여권과 함께제출하고 확인 받으면 된다. 인천공항에 병무신고사무소가 있다.

출입국카드는 2006년 8월부터 내외국인 출입국신고서는 폐지되었으나 출입국관리사무송 외국인 등록을 하지 않은 외국인은 출입국신고서를 작성해야 한다.

예방접종 증명서는 아프리카나 남미 등으로 여행할 경우에 국립검역소나 보건소에서 무료로 실시하는 말라리아 콜레라 황열병 등의 예방접종을 한 증명서를소지한다. 10일 전에 접종을 받고 접종 유효기간은 10년이다.

수하물은 미국과 미국령, 멕시코, 중남미로 출발하거나 도착하는 태평양 횡단구간에서는 Piece System이 적용되어, 해당 클래스의 수하물 무게와 개수에 제한을 받게 된다.

일반석의 경우 23kg 이하인 2개의 짐이 무료 위탁수하물 허용량이며, 그 외의 구간에서는 Piece에 상관없이 무게에 적용받는 Weight System으로 운영되어 짐의 개수는 상관없으나 무게가 20kg까지 무료 위탁물이다. 좌석을 비점유하는 유아의 경우 3변의 합이 118cm 이하이며 10kg 이하의 수하물과 한 개의 유모 차나 카시트 한 개를 무료로 위탁할 수 있다. 이러한 짐에 Tag을 부착하여 X-ray 를 통한 보안 검사가 실시될 동안 CHK-IN 카운터에서 직원의 승인이 있을 때까 지 대기한 후 출국장으로 이동한다.

2 출국수속

탑승수속이 완료되면 출국수속을 위해 출국장 입구에서 승객의 여권과 항공 권을 확인하고 항공기의 안전과 보안을 위한 보안검색과 세관, 법무부 입국 심사, 검역 등의 Customs, Immigration, Quarantine 절차를 밟게 된다.

보안검색에서 기내 휴대 제한 품목인 액체나 날카로운 물질 등은 별도의 봉투 에 보관하여 승객과 분리하여 탑재되어 공항도착 후 Baggage Claim에서 반환 된다. 유아 동반 승객은 미리 휴대 사실을 신고하면 용량에 관계없이 휴대할 수 있다.

1만불 이상의 해외경비를 휴대 반출 시에는 세관 외환 신고대에 신고해야 한 다. 법무부 출국 심사대에서는 출입국 심사관의 출국 허가 스탬프를 날인 받아 야 한다. 검역을 통과한 후 탑승한다.

3 입국절차

① Quarantine을 거쳐서 Immigration을 통과 후 위탁 수하물을 찾고,
② Customs를 통과하여 입국한다.

4 운송 제한 승객(Restricted Passenger Advice)

항공사는 항공 여행의 안전을 저해하거나 승객의 불편함을 초래할 가능성이 있는 특정 승객에 대하여 탑승을 거절하거나 제한할 수 있다.

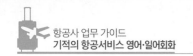

환자승객은 승객의 육체적 정신적 상태가 항공기 탑승 시나 하기 시 항공사의 직원의 도움을 필요로 하는 승객으로 노약자, 병약자, 장애자 등 일반 환자 승객을 포함한다.

신장질환자, 전염병 환자, 생후 2주 미만의 신생아, 자살의 위험이 있는 정신질환자, 대수술 후 10일 미만의 환자 등은 운송이 거절된다.

환자 승객은 사전에 의학적 허가서를 받아야 하며 Stretcher Passenger는 건강진단서와 서약서를 작성해야 하며 보호자와 의사가 동승해야 한다.

이 외에 산소통이 필요한 승객, Wheelchair Passenger 등이 해당한다. 또한 만 5세 이상 만 12세 미만의 소아가 성인 동반 없이 여행하는 UM(Unaccompanied Minor), 임산부(32주 이상이면 의사의 진단서와 서약서 작성 제출), 생후 7일 이상 만 2세 미만인 Infant(7일 미만의 신생아는 위급환자로 분류되나 항공보건 팀의 허가를 받은 경우에는 예외), 추방자(Deportee), 죄수(Prisoner), 성인승객이나 맹인 인도견이 동반된 맹인(Blind)은 탑승이 가능하나 동반자나 인도견이 없을 경우에는 운송제한 승객으로 분류되어 서약서를 작성한 후 운송직원의 Escort에 의해 탑승한다. 인도견은 Pet로 취급되지 않는다.

항공사 업무 가이드
기적의 항공서비스
영어·일어회화

예약상황 1

Making a Reservation 1

항공사 업무 가이드
기적의 항공서비스
영어·일어회화

 Reservation Center   Customer

 Hello, this is Asiana Airlines reservation center.

 I'd like to make a reservation for the first class from Incheon to Okinawa on 5th of July.

 I see. The first class from Incheon to Okinawa on 5th of July. Let me help you. Just a moment, please.

(Searching for the flights)

Excuse me, we are not operating the first class on the Okinawa flights but the business class.

 I see. Then I'll have the business class, please.

 Yes, sir. There are two flights for Okinawa on that date. One is at 9:40 in the morning, and the other is at 6:20 in the afternoon.

 I want the one in the morning.

 Alright, sir. Would you like to reserve the return flight?

 Oh, one way, please.

 Ok. May I have your name and contact number, please?

 My name is Nazume Soseki, and my number is 090-8419-5632.

Yes, Mr.Nazume Soseki. Your phone number is 090-8419-5632. Right, Mr.Nazume. Your flight is reserved. Your flight is on Asiana flight 172 on July 5 bound for Okinawa and it is at 9:40 a.m. Please get to the airport 2 hours before the flight.

Vocabulary

- reserve 예약하다(sn. book = make a reservation)
- not A but B A가 아니라 B다
- bound for ~ 행의, ~를 향하는(cf. bound to ~할 의무가 있다, ~할 가능성이 높다)
- would like to ~하는 것을 원하다

More Expressions

1 How to read time

	숫자 그대로 읽기	~분 지난 ~시	~분 전 ~시
3시 30분	three thirty	thirty past three =half past three	thirty to four =half to four
2시 45분	two forty five	forty five past two =quater past two	fifteen to three =quater to three

- half : 반. 1/2
- quarter : 1/4

Prectice

	숫자 그대로	~분 지난 ~시	~분 전 ~시
7시 20분 AM			
10시 50분 PM			
18시 15분			
20시 30분			

2 How to read numbers

- flight no./ 전화번호 등등 번호를 읽을 때 각각을 digit 하나 하나 읽는다.
  숫자 0의 경우 zero 대신 oh 로 읽음
- 같은 숫자가 두 번 반복될 때 double을 붙여 준다.
  ex KE 002 – KE double oh two
- 같은 숫자가 세 번 반복될 때 triple을 붙여준다.
  ex Boeing 777 – Boeing triple seven

Prectice

1) flight no. 읽기

KE 032 _____   OZ 688 _____

EK 007 _____   CX 888 _____

2) 전화번호 읽기

044-665-2976 _____

010-5554-3928 _____

3 How to read date

1) 년도 읽기

- 두 개의 digit 으로 나누어 읽음.
   ex 2020년 – twenty twenty   1995년 – nineteen ninety five

2) 달 읽기

1월	January	7월	July
2월	February	8월	August
3월	March	9월	September
4월	April	10월	October
5월	May	11월	November
6월	Jun	12월	December

3) 날짜 읽기를 위한 기수와 서수 : 날짜는 서수로 읽는다.

	기수	서수
1	one	first
2	two	second
3	three	third
4	four	fourth
5	five	fifth
6	six	sixth
7	seven	seventh
8	eight	eighth
9	nine	ninth
10	ten	tenth
11	eleven	eleventh
12	twelve	twelfth
13	thirteen	thirteenth
14	fourteen	fourteenth
15	fifteen	fifteenth
16	sixteen	sixteenth
17	seventeen	seventeenth
18	eighteen	eighteenth
19	nineteen	nineteenth
20	twenty	twentieth
30	thirty	thirtieth
40	forty	fortieth
50	fifty	fiftieth
60	sixty	sixtieth
70	seventy	seventieth
80	eighty	eightieth
90	ninety	ninetieth
100	hundred	hundredth

One Point Grammar

■ 부정대명사 – 정해져 있지 않은 어떤 대상을 지칭할 때 사용

부정대명사 중 one / the other/ another/ some / others / the others에 대해 알아봅시다.

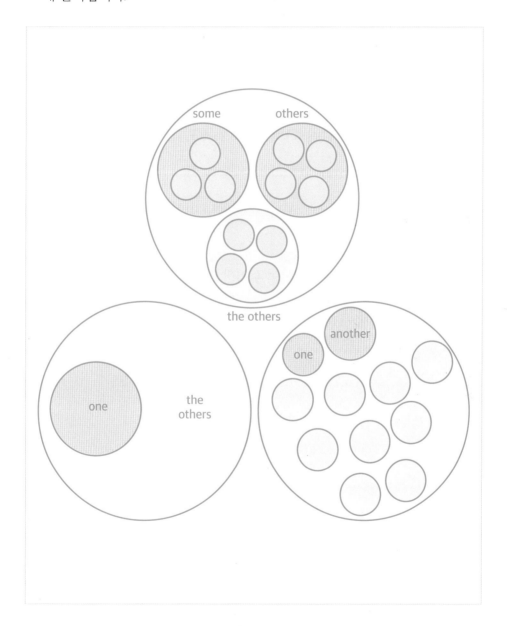

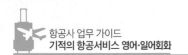

Comprehension Practice

A 다음의 빈 칸에 알맞은 단어를 넣어 문장을 완성하시오.

would like to	make a reservation	bound for	have
not A but B	return flight	at	on

1. I want to reserve a ticket to Osaka _____ July 5.

2. Your flight is on Asiana flight 172 _____ Okinawa.

3. I _____ book the flight to LA.

4. When do you want to make a reservation for your _____ ?

5. May I _____ your contact number?

B 괄호 안의 말을 알맞게 배열하여 주어진 의미를 영어로 완성하시오.

1. 주소를 알려 주시겠습니까?

   (your address / have / I / may / please)

   _____

2. 비행 2시간 전에 공항에 와주세요.

   (please / 2 hours / get to the airport / please / before the flight)

   _____

3. 왕복 항공권으로 예약하시겠습니까?

   (the return flight / reserve / would ~like to / you)

   _____

C 주어진 문장에 알맞은 답을 해보시오.

1. May I have your name please?

_____

_____

2. We are operating business class and economy class. Which one do you prefer? And why?

_____

_____

3. Would you confirm my ticket, please?(return ticket, Osaka, 5월 5일)

_____

_____

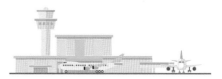

航空予約 1

항공사 업무 가이드
기적의 항공서비스
영어·일어회화

予約センター　　お客さま

アシアナ航空 予約センターでございます。

あの、7月5日 沖縄行き ファーストクラスで 予約したいんですけど。

はい、7月5日 インチョンから 沖縄行き ファーストクラスでございますね。
ご予約を お手伝いいたします。少々お待ちくださいませ。(航空便を 調べる)
お客さま、もうしわけございませんが、沖縄までには ビジネスクラスは 運営
されて おりますが、ファーストクラスは 運営されて おりません。

あ、そうですか。それじゃ、ビジネスクラスで お願いします。

かしこまりました。
お客さま、當日 沖縄行きの 飛行機は 2便 ございまして、
午前9:40分、午後の6:20分ですが。

午前 9:40分の飛行機に してください。

はい、かしこまりました。
ところで　お客さま、お帰りの便のご予約も お手伝いいたしましょうか。

あ、片道で結構。

はい。それでは、お客さまの お名前と お電話番号を お願い致します。

名前は 夏目漱石、携帯は 090-8419-5632です。

はい、夏目漱石様、携帯番号は090ー8488ー5632ですね。
お客さま、ご予約ができました。
7月5日 アシアナ航空 172便　沖縄行きは 午前 9時40分出発ですので、インチョン空港に 2時間前までには お越しくださいませ。

予約センター	アシアナ航空	お客さま	沖縄行き	ファーストクラス
航空便	ビジネスクラス	運営	お帰りの便	手伝う
出発	飛行機	片道	携帯番号	

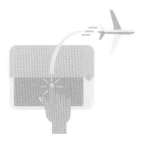

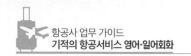
チェック・ポイント

1 항공예약

　항공예약은, 승객이 원하는 날짜와 장소로 편리하게 여행할 수 있도록 항공좌석을 확보해 주며, 항공여정 이외에도 승객이 필요로 하는 숙박, 렌터카, 열차 등의 편의를 제공하는 기능을 가지고 있다. 전 세계에서 이용되는 예약시스템에는 AMADEUS, GALLILEO, SABRE, WORLD-SPAN 등의 CRS나 GDS 시스템이 있다. 항공예약의 3 가지 필수조건은 승객의 성명, 여정, 연락처이다.

2 何月何日ですか

1月(いちがつ)	2月(にがつ)	3月(さんがつ)	4月(しがつ)
5月(ごがつ)	6月(ろくがつ)	7月(しちがつ)	8月(はちがつ)
9月(くがつ)	10月(じゅうがつ)	11月(じゅういちがつ)	12月(じゅうにがつ)

1日(ついたち)	2日(ふつか)	3日(みっか)	4日(よっか)
5日(いつか)	6日(むいか)	7日(なのか)	8日(ようか)
9日(ここのか)	10日(とおか)	11日(じゅういちにち)	14日(じゅうよっか)
17日(じゅうしちにち)	19日(じゅうくにち)	20日(はつか)	24日(にじゅうよっか)
27日(にじゅうしちにち)	29日(にじゅうくにち)	30日(さんじゅうにち)	

3 キャビン・クラス

ファースト・クラス、ビジネス・クラス、エコノミー・クラス

4 日本の地名(1都1道2府43県)

　北海道, 青森縣, 岩手縣, 宮城縣, 秋田縣, 山形縣, 福島縣, 茨城縣, 栃木縣, 群馬縣, 埼玉縣, 千葉縣, 東京都, 神奈川縣, 新潟縣, 富山縣, 石川縣, 福井縣, 山梨縣, 長野縣, 岐阜縣, 靜岡縣, 愛知縣, 三重縣, 滋賀縣, 兵庫縣, 奈良縣, 和歌山縣, 京都府,

大阪府, 鳥取縣, 島根縣, 岡山縣, 廣島縣, 山口縣, 德島縣, 香川縣, 愛媛縣, 高知縣,
福岡縣, 佐賀縣, 長崎縣, 熊本縣, 大分縣, 宮崎縣, 鹿兒島縣, 沖繩縣

漢字の練習ノート

よやく 予約	予約	予約	予約
じょうきょう 状況	状況	状況	状況
こうくう 航空	航空	航空	航空
おきなわ 沖縄	沖縄	沖縄	沖縄
かえ 帰り	帰り	帰り	帰り
うんえい 運営	運営	運営	運営
しゅっぱつ 出発	出発	出発	出発
かたみち 片道	片道	片道	片道
くうこう 空港	空港	空港	空港
ひこうき 飛行機	飛行機	飛行機	飛行機

練習問題

1. 次の読み方を 日本語で 書きなさい。

① 7월 10일(　　　　　　　　　)　② 6월 24일(　　　　　　　　　　)

③ 9월 9일(　　　　　　　　　)　④ 4월 19일(　　　　　　　　　　)

⑤ 5월 17일(　　　　　　　　　)　⑥ 1월 1일(　　　　　　　　　　)

2. 日本語に しなさい。

① 돌아오는 편의 예약도 도와드릴까요?

_____.

② 편도로 부탁드립니다.

_____.

③ 비즈니스 클래스는 운영되고 있습니다.

_____.

3. 自由に 答えなさい。簡単な 自己紹介を してください。

항공사 업무 가이드
기적의 항공서비스
영어·일어회화

예약상황 2

Making a Reservation 2

항공사 업무 가이드
기적의 항공서비스
영어·일어회화

 Reservation Center Customer

 Hello, this is JAL reservation center.

 I want to go to Los Angeles on September 14.

 Certainly sir. From Narita International Airport in Tokyo to LA on September 14.

(Searching for the flights)

Sir, we have the flight 062 at 5:05 p.m. on September 14, and seats are available. Would you like to make a reservation?

 Yes, please.

 Certainly, sir. Would you like to book a return flight, too?

 Yes, please. I'm coming back on 27 of September.

 You are planning to return on September 27. We have a flight 061 departing from LA and arriving in Narita Tokyo, at 12 p.m.

 Right. What time does the flight land in Tokyo?

 It is scheduled to land in Narita Tokyo, at 4:45 p.m.

 Then, book for 2, please.

 2 seats, then please let me have your names and mobile phone number, please.

Ishihara Satomi and Michael Jackson, please. And the number is 090-6458-7245.

Your return flight booking to LA is completed for Ishihara Satomi and Michael Jackson. Your reservation number is 4853-4792. The flight JAL 062 bound for LA on September 14 is at 5:05 p.m., so please come to the airport 2 hours before your departure time.

Vocabulary

* one way 편도 / return 돌아오는 편, 왕복(round trip)
* land 도착하다, 착륙하다

More Expressions

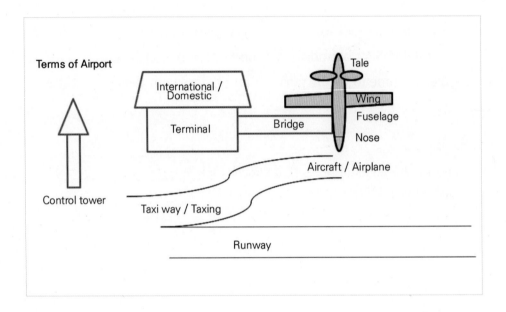

Terms of Airport

International / Domestic

Terminal

Bridge

Control tower

Taxi way / Taxing

Runway

Tale

Wing

Fuselage

Nose

Aircraft / Airplane

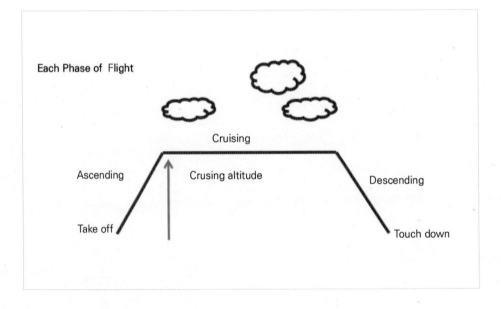

Each Phase of Flight

Cruising

Ascending

Crusing altitude

Descending

Take off

Touch down

One Point Grammar

■ 사역동사 ~하도록 하다(시키다)

let / make / have

1. Let + 目 + R   **目이 ~하게 하다.**

- He let me join the team.

2. make + 目 + R   **目이 ~하게 하다.**

- She made her go to Paris.

3. have + 目 + R   **目이 ~하게 하다.**

- I had my kid clean the room.

    cf 1.) 준사역동사 get ~ 하게 하다(시키다)

        get + 目 + to R   目이 ~하게 하다.

        - We got her to study hard.

    cf 2.) help ~을 ~ 하는 것을 돕다

        help + 目 + R / to R

        - He helped me prepare the presentation.

        - He helped me to prepare the presentation.

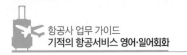

Comprehension Practice

A 다음의 빈 칸에 알맞은 단어를 넣어 문장을 완성하시오.

available	be scheduled to	let	return
help	runway	fuselage	touch down

1. The flight will _____ land in Seoul soon.

2. The aircraft is ready to take off on _____ .

3. The lavatory is _____ now.

4. _____ me introduce myself.

5. My _____ flight is full.

B 괄호 안의 말을 알맞게 배열하여 주어진 의미를 영어로 완성하시오..

1. 나는 4월 10일에 돌아올 계획이다.

(on April 10 / am planning to / I / come back)

_____

2. 그들은 오늘 저녁에 영화를 보러갈 예정이다.

(be scheduled to / they / tonight/ go to cinema)

_____

3. 기장은 비행하는 동안 관제탑과 연락해야 한다.

(have to/ control towers/ during flight/ pilots/ contact)

_____

C 주어진 문장에 알맞은 답을 해보시오.

1. What time is scheduled to start your lunch time?

_____

2. Have you completed your work to do?

_____

航 空 予 約 2

 予約センター　 お客さま

 日本航空 予約センターでございます。

 あの、9月14日 ロサンゼルスへ　行きたいんですけど。

 はい、9月14日 東京成田国際空港から ロサンゼルス行きですね。
しばらくお待ちくださいませ。(航空便を 調べる)
お客さま、9月14日は 午後 17時05分発の　日本航空 062便が ございます。
お座席も 空いていますが、ご予約をお手伝いいたしましょうか。

 お願いします。

 はい、お帰りの便のご予約も　お手伝いいたしましょうか。

 ええ。帰りは9月27日を予定してますが。

 お帰りは　9月27日の予定でいらっしゃいますね。
27日 ロサンゼルス発 東京成田行は
現地時刻午後12時　出発の日本航空061便が　運航されております。

 そうですか。東京には　何時に 到着するんですか。

 東京成田到着は　午後16時45分を予定しております。

 それじゃ、二人 お願いします。

 石原さとみと、マイケル・ジャクソンです。090-6458-7245です。

はい、石原さとみ様とマイケル・ジャクソン様のロサンゼルス行

往復のご予約をいたしました。予約番号は4853-6792です。

9月14日 日本航空 062便　ロサンゼルス行きは、午後 17時05分発ですので、

成田国際空港には 2時間前に お越しくださいませ。

日本航空	東京	成田	国際	ロサンゼルス
空く	予定	現地	時刻	運航
二名様	電話番号	往復	予約番号	

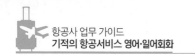

チェック・ポイント

1 世界各国の首都

国名	首都	国名	首都	国名	首都
日本	東京	ベトナム	ハノイ	インドネシア	ジャカルタ
中国	北京	アメリカ	ワシントンDC	マレーシア	クアラルンプール
アラブ	アブダビ	エジプト	カイロ	シンガポール	シンガポール
タイ	バンコク	イギリス	ロンドン	ニュージーランド	ウェリントン
ロシア	モスクワ	フランス	パリ	オーストラリア	キャンベラ
スイス	ジュネーブ	ケニア	ナイロビ	イスラエル	エルサレム
チェコ	プラハ	イタリア	ローマ	カタール	ドーハ
ドイツ	ベルリン	カナダ	オタワ	メキシコ	メキシコシティ
シリア	ダマスカス	トルコ	アンカラ	フィリピン	マニラ

2 敬語 'お~, ご~'

おは 보통 고유의 일본어 앞에 오고, ご는 한자어 앞에 오는 경향이 있다. 그러나 일본에서만 사용하는 고유의 일본어인 お名前、お二人、お話、お手紙、お国、お忙しい、お美しい、お早い、お宅、お弁当、お仕事、お元気、お上手、お住まい、お勉強、お部屋、お買い物、 등처럼 한자어 앞에는 お가 온다. ご는 ご連絡、ご出発、ご案内、ご質問、ご家族、ご旅行、ご住所、ご親切、ご丁寧 등의 한자어 앞에 오는데, 예외로 お時間、お食事、お電話, 거꾸로 お 자리에 ご가 오는 경우로 ご都合、ご心配、ごゆっくり등이 있다.

3 경어표현

* お+ます형+ですか。(でしょうか)
* ご+명사+ですか。(でしょうか)

お持ちですか。(가지고 계십니까?) お休みですか。(주무십니까?)
ご予約ですか。(예약이십니까?)　ご旅行ですか。(여행이십니까?)

漢字の練習ノート

こく さい 国際	国際	国際	国際
こう くう びん 航空便	航空便	航空便	航空便
ざ せき 座席	座席	座席	座席
て つだ 手伝う	手伝う	手伝う	手伝う
よ てい 予定	予定	予定	予定
なり た 成田	成田	成田	成田
げん ち 現地	現地	現地	現地
じ こく 時刻	時刻	時刻	時刻
うん こう 運航	運航	運航	運航
とう ちゃく 到着	到着	到着	到着

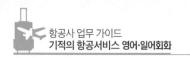

練習問題

1. 例のように しなさい。

> 例) 持つ → お持ちでしょうか

(1) 帰る →　　　　　　　　　　(2) 済む →

(3) 呼ぶ →　　　　　　　　　　(4) 出かける →

2. 日本語に しなさい。

(1) 두 분의 성함을 부탁드립니다.

(2) 귀국은 10월 24일을 예정하고 있습니다.

(3) 한국도착은 몇 시인가요?

3. 自由に 答えなさい。
   趣味は 何ですか。

항공사 업무 가이드
기적의 항공서비스
영어·일어회화

Cancelling a Reservation

항공사 업무 가이드
기적의 항공서비스
영어 · 일어회화

 Reservation Center   Customer

🧑 Hello, British Airways.

🧑 Hello, I have a reservation on November 20 bound for London. But I don't think I can make it. I want to cancel it.

🧑 Yes, sir. the flight on November 20 for London. I'll check it for you. May I have your reservation number and name, please?

🧑 My reservation number is 8411-3463, and Sherlock Holmes.

🧑 Ok, let me check. Just a moment please.

🧑 Mr. Holmes, thank you for waiting. Do you want to cancel the round trip ticket, flight 907 on November 20 for London and flight 908 for the return?

🧑 Yes, please.

🧑 Alright. I've just canceled your round trip flights for London. Can I help you with anything else?

🧑 No, thank you.

🧑 Yes, I hope to see you again. Thank you.

Vocabulary

- make 만들다, 해내다
- cancel 취소하다(call off)
- help with 명사 ~을 도와주다
- Let + 목적격 + 동사원형 목적격이 ~하게 하다
- Thank you for 명사/ 동명사 ~에 대해 감사하다

More Expressions

1 Phonetic Alphabets

통신 시 정확한 알파벳 전달을 위해 쓰이는 단어. 항공업에서는 기장과 관제탑 사이 통신 시, 공항 지상직원들 간의 무선 통신 시 많이 사용됨.

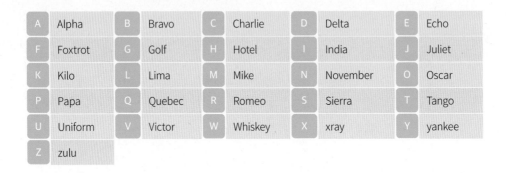

A	Alpha	B	Bravo	C	Charlie	D	Delta	E	Echo
F	Foxtrot	G	Golf	H	Hotel	I	India	J	Juliet
K	Kilo	L	Lima	M	Mike	N	November	O	Oscar
P	Papa	Q	Quebec	R	Romeo	S	Sierra	T	Tango
U	Uniform	V	Victor	W	Whiskey	X	xray	Y	yankee
Z	zulu								

■ as in 을 사용하여 표현할 수 있음

My name is John, J, O, H, N. My name is John, J **as in** Juliet, O **as in** Oscar, H **as in** Hotel, N **as in** November.

Prectice

1. This flight no. is EK387.
2. My name is William, W, I, L, L, I, A, M.
3. The registration No. is RO6874.
4. Your seat no. is 45B and the boarding gate is 16.
5. I'll spell my name, Gabbana. G, A, B, B, A, N, A.

One Point Grammar

■ 현재완료시제 Have + PP

과거의 일이 현재까지 영향을 미치는 의미를 표현 = 과거 + 현재 시제

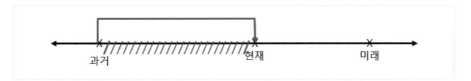

■ 현재완료 시제의 4가지 의미

1. 동작의 완료 : 과거에 시작해서 현재 마침

just, now, yet, already 등과 같이 쓰임

   ex He has just completed his work.

       Have you heard from them yet?

       I have already practiced it.

2. 동작의 결과 : 어떤 일의 결과를 강조할 때

   ex He has gone to Europe. = He went to Europe and is not here.

       I have lost my book. = I lost my book and now I don't have it.

3. 경험 : 과거에 일을 겪고 지금까지 나의 경험

ever, never, often, once, twice 등과 같이 쓰임

   ex He has been to Europe.

       I have never watched the movie.

       They have met once before.

4. 동작이나 상태의 계속 : 과거에서 시작되었고 지금도 계속됨

since, for, till now, this month 등과 같이 쓰임

   ex She has studied since 9 am.

       They have known each other for a long time.

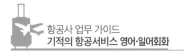

Comprehension Practice

A 다음의 빈 칸에 알맞은 단어를 넣어 문장을 완성하시오.

call off	reservation	check	round trip
let	for	with	help

1. I have some changes on my schedule. I think I have to _____ the appointment with him.

2. _____ her go to America.

3. Can you help me _____ my baggage?

4. Thank you _____ your cooperation.

5. I'll _____ it for you if we have another size.

B 괄호 안의 말을 알맞게 배열하여 주어진 의미를 영어로 완성하시오..

1. 그녀는 그녀가 5살이었던 때 이래로 아팠다.

(ill / has been / she / since / 5years old / she was)

_____

2. 오늘 저녁에 일이 많아서 참석 못할 것 같다.

(can / make it / I don't think / I / because of / a lot of work)

_____

3. 저는 막 런던 행 비행기를 취소했다.

(just / canceled / I / have / a flight / to London)

_____

C 주어진 문장에 알맞은 답을 해보시오.

1. How long have you studied English?

予約の取り消し

항공사 업무 가이드
기적의 항공서비스
영어·일어회화

予約センター　お客さま

🧑 ブリティッシュ・エアウェイズでございます。

👩 あの、11月20日　ロンドン行の飛行機　往復を予約したんですけど、

行けなくなったんで、予約をキャンセルしたいんですが。

🧑 はい、11月の20日　ロンドン行ですね。お調べいたします。

予約番号とお名前をどうぞ。

👩 予約番号は8411-3463、シャーロック・ホームズ です。

🧑 ご確認いたしますので、しばらくお待ちくださいませ。

シャーロック・ホームズ様、お待たせいたしました。

11月の20日　ロンドン行の　907便と、

お帰りの　908便の　往復を　キャンセルすればよろしいんですか?。

👩 はい、お願いします。

🧑 かしこまりました。ロンドン行　往復の便をキャンセルいたしました。

ほかにご用はございませんか。

👩 ありません。

🧑 またの　ご利用を　お待ちいたしております。

ありがとうございました。

取り消し	ブリティッシュ・エアウェイズ	ロンドン	キャンセル
	シャーロック・ホームズ	確認	ご用

チェック・ポイント

1 航空会社の名前

キャセイパシフィック航空、シンガポール航空、日本航空、
タイ国際航空、エアカナダ、アメリカン航空、デルタ航空、
ハワイアン航空、エールフランス航空、KLMオランダ航空、
エミレーツ航空、エティハド航空、カタール航空、トルコ航空

2 外国人の名前

* アメリカで人気の名前 男女TOP10！	
1) Michael「マイケル」	1) Jessica「ジェシカ」
2) Christopher「クリストファー」	2) Ashley「アシュリー」
3) Matthew「マシュー」	3) Jennifer「ジェニファー」
4) Joshua「ジョシュア」	4) Amanda「アマンダ」
5) Daniel「ダニエル」	5) Sarah「サラ」
6) David「デイビッド」	6) Stephanie「ステファニー」
7) James「ジェームズ」	7) Nicole「ニコル」
8) Robert「ロバート」	8) Heather「ヘザー」
9) John「ジョン」	9) Elizabeth「エリザベス」
10) Joseph「ジョゼフ」	10) Megan「メーガン」

その他の国の名前ランキング ➡ ハリー、ジャック、ジョージ、ヘンリー、レオナルド、ガブリエル、アダム、ジュリエット、ソフィア

3 'お＋동사 ます형＋ください'

이 표현은 '〜てください'보다 점잖고 부드럽고 우아한 표현으로 기내에서 많이 사용하므로 꼭 익히기 바란다.

待ってください ➡ お待ちください。　書いてください ➡ お書きください
しめてください ➡ おしめください。　飲んでください ➡ お飲みください

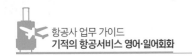
漢字の練習ノート

と　　け 取り消し	取り消し	取り消し	取り消し
おうふく 往復	往復	往復	往復
しら 調べる	調べる	調べる	調べる
な　まえ 名前	名前	名前	名前
よ やく ばん ごう 予約番号	予約番号	予約番号	予約番号
かく にん 確認	確認	確認	確認
り　よう 利用	利用	利用	利用
きゃく さま お客様	お客様	お客様	お客様
さい きん 最近	最近	最近	最近
かん しん 関心	関心	関心	関心

練習問題

1. 例のように しなさい。

例) 待ってください → お待ちください

(1) 入る →   (2) 帰る →

(3) おりる →   (4) しめる →

(5) 休む →

2. 日本語に しなさい。

(1) 예약을 취소하려고요.

(2) 예약번호와 성함을 말씀해 주시기 바랍니다.

(3) 다른 볼일은 없으신지요?

(4) 또 이용해 주시기 바랍니다.

3. 自由に 答えなさい。
   特技は 何ですか。

예약상황 4

Changing a Reservation

항공사 업무 가이드
기적의 항공서비스
영어·일어회화

 Reservation Center   Customer

 This is Air France.

 Yes, hello. I want to change my reservation.

 Absolutely. Do you know your reservation number?

 I have no idea.

 Then, When do you depart? Please let me have your departure date, your name, and flight number.

 Yes, my name is Seol, Byung Jin, and the date is October 16. I don't know the flight number but it is a round trip to Paris.

 Alright. I checked it. It is Air France flight 901. You are booked the round trip from Seoul to Paris.

 Yes, right. Would you change the date of the departure to Paris from October 16 to 18?

 Certainly, sir. Your flight is changed to October 18.

 Thank you very much.

 It's my pleasure. Please call us whenever you need help. Thank you for using Air France. Enjoy your flight.

Vocabulary

- absolutely 그럼, 물론이지
- depart 출발하다(**cf.** departure 출발) = embark(**cf.** embarkation)
- ≠disembark(**cf.** disembarkation 도착, 입국) 도착하다. 입국하다.
- change from A to B A에서 B로 바꾸다
- enjoy 즐기다
- whenever 언제든지

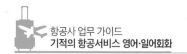
More Expressions

1 요청에 대한 수락 및 거절 표현들

수락	거절
Absolutely	I'm sorry, I can't.
Sure	Let me think about it.
Of course	I'm afraid I can't.
Definitely	I don't think it's a good idea.
Certainly	I'm sorry I am busy now.
No problem	
I can help you with that.	

2 "Thank you"에 대한 응답 표현들

Your're welcome.
= You're most welcome./ You're very welcome/ You're so welcome/
You're more than welcome.
It's my pleasure.
No problem./ No worries
Not at all.
Don't mention it.
Anytime.
Sure thing/ Sure/ Of course
It's no bother.
It's nothing.
You deserve it.
Thank you.

One Point Grammar

■ 수동태 : ~(목적어)가 ~하게 되다

1. 수동태 만드는 방법

능동태 : 주어 + 동사 + 목적어   He likes her.

→ 수동태 : 주어 + 동사 + by 목적격   She is liked by him.
               be + p.p

2. 수동태의 시제

현재 : He likes it. → It is liked by him.

과거 : He liked it. → It was liked by him.

미래 : He will like it. → It will be liked by him.

현재완료 : He has liked it. → It has been liked by him.

과거완료 : He had liked it. → It had been liked by him.

Prectice

다음 문장을 수동태로 바꾸시오.

1. Edison invented great things.

_____

2. He will win the competition.

_____

3. He gave her a ring.

_____

4. They made her join.

_____

Comprehension Practice

A 다음의 빈 칸에 알맞은 단어를 넣어 문장을 완성하시오.

embark	as	is changed	no worries
by	to	disembarkation	trip

1. You got an emergency exit seat _____ you wanted.

2. The flight is about to _____ for Prague.

3. Your flight _____ to EK232 due to a late connection.

4. A: Thank you very much.

   B: _____

5. The book is torn _____ the artist.

B 괄호 안의 말을 알맞게 배열하여 주어진 의미를 영어로 완성하시오.

1. 언제든지 질문이 있으시면 연락 주십시오.

   (contact/ whenever/ please/ you/ us/ have/ questions)

   _____

2. 당신의 서울에서 프라하 비행이 예약되었습니다.

   (is booked/ to Prague/ from Seoul/ Your flight)

   _____

3. 저에게 도착 시간을 알려주세요.

   (let/ please/ your arrival time/ know/ me)

   _____

C 주어진 문장에 알맞은 답을 해보시오.

1. When you worked at your part time job, tell me when you met
   your customer's special need.

予約変更

항공사 업무 가이드
기적의 항공서비스
영어·일어회화

 予約センター　 お客さま

 エール・フランスでございます。

 あの、予約を変更したいんですが。

 かしこまりました。予約番号をご存じでしょうか。

 知りません。

 それじゃ、何日にご出発ですか。
日付とお名前、それから便名をお願いいたします。

 はい、名前は　SEOL/BYUNGJIN、10月16日。
便名は　知らないけど　パリ行往復です。

 確認しました。エールフランス901便ですね。
ソウルからパリの往復が予約されております。

 　あの、パリ行だけを　10月の16日から18日に　変更してください。

 かしこまりました。お客さま、10月18日に　変更いたしました。

 　ありがとう。

 どういたしまして。また変更がございましたら、いつでもお電話ください。
本日も　エア・フランス航空を　ご利用いただきまして、
誠にありがとうございました。楽しい空の旅を　おくつろぎくださいませ。

エール・フランス、		変更、	日付、	便名、
本日、		誠に、	空の旅、	くつろぐ

<韓国人名の英語表記>

ㄱ :						
가 ga	각 gak	간 gan	갈 gal	감 gam	갑 gap	갓 gat
강 gang	개 gae	객 gaek	거 geo	건 geon	걸 geol	검 geom
겁 geop	게 ge	겨 gyeo	격 gyeok	견 gyeon	결 gyeol	겸 gyeom
겹 gyeop	경 gyeong	계 gye	고 go	곡 gok	곤 gon	골 gol
곳 got	공 gong	곶 got	과 gwa	곽 gwak	관 gwan	괄 gwal
광 gwang	괘 gwae	괴 goe	굉 goeng	교 gyo	구 gu	국 guk
군 gun	굴 gul	굿 gut	궁 gung	권 gwon	궐 gwol	귀 gwi
규 gyu	균 gyun	귤 gyul	그 geu	극 geuk	근 geun	글 geul
금 geum	급 geup	긍 geung	기 gi	긴 gin	길 gil	김 gim
까 kka	깨 kkae	꼬 kko	꼭 kkok	꽃 kkot	꾀 kkoe	꾸 kku
꿈 kkum	끝 kkeut	끼 kki				

ㄴ :						
나 na	낙 nak	난 nan	날 nal	남 nam	납 nap	낭 nang
내 nae	냉 naeng	너 neo	널 neol	네 ne	녀 nyeo	녁 nyeok
년 nyeon	념 nyeom	녕 nyeong	노 no	녹 nok	논 non	놀 nol
농 nong	뇌 noe	누 nu	눈 nun	눌 nul	느 neu	늑 neuk
늠 neum	능 neung	늬 nui	니 ni	닉 nik	닌 nin	닐 nil
님 nim						

ㄷ :						
다 da	단 dan	달 dal	담 dam	답 dap	당 dang	대 dae
댁 daek	더 deo	덕 deok	도 do	독 dok	돈 don	돌 dol
동 dong	돼 dwae	되 doe	된 doen	두 du	둑 duk	둔 dun
뒤 dwi	드 deu	득 deuk	들 deul	등 deung	디 di	따 tta
땅 ttang	때 ttae	또 tto	뚜 ttu	뚝 ttuk	뜨 tteu	띠 tti

ㄹ :						
라 ra	락 rak	란 ran	람 ram	랑 rang	래 rae	랭 raeng
량 ryang	렁 reong	레 re	려 ryeo	력 ryeok	련 ryeon	렬 ryeol
렴 ryeom	렵 ryeop	령 ryeong	레 rye	로 ro 록 rok	론 ron	롱 rong
뢰 roe	료 ryo	룡 ryong	루 ru	류 ryu	륙 ryu	륜 ryun
률 ryul	륭 ryung	르 reu	륵 reuk	른 reun	름 reum	릉 reung
리 ri	린 rin	림 rim	립 rip			

ㅁ :						
마 ma	막 mak	만 man	말 mal	망 mang	매 mae	맥 maek
맨 maen	맹 maeng	머 meo	먹 meok	메 me	며 myeo	멱 myeok
면 myeon	멸 myeol	명 myeong	모 mo	목 mok	몰 mol	못 mot
몽 mong	뫼 moe	묘 myo	무 mu	묵 muk	문 mun	물 mul
므 meu	미 mi	민 min	밀 mil			

ㅂ :						
바 ba	박 bak	반 ban	발 bal	밥 bap	방 bang	배 bae
백 baek	뱀 baem	버 beo	번 beon	벌 beol	범 beom	법 beop
벼 byeo	벽 byeok	변 byeon	별 byeol	병 byeong	보 bo	복 bok
본 bon	봉 bong	부 bu	북 buk	분 bun	불 bul	붕 bung
비 bi	빈 bin	빌 bil	빔 bim	빙 bing	빠 ppa	빼 ppae
뻐 ppeo	뽀 ppo	뿌 ppu	쁘 ppeu	삐 ppi		

ㅅ : 사 sa	삭 sak	산 san	살 sal	삼 sam	삽 sap	상 sang
샅 sat	새 sae	색 saek	생 saeng	서 seo	석 seok	선 seon
설 seol	섬 seom	섭 seop	성 seong	세 se	셔 syeo	소 so
속 sok	손 son	솔 sol	솟 sot	송 song	쇄 swae	쇠 soe
수 su	숙 suk	순 sun	술 sul	숨 sum	숭 sung	쉬 swi
스 seu	슬 seul	슴 seum	습 seup	승 seung	시 si	식 sik
신 sin	실 sil	심 sim	십 sip	싱 sing	싸 ssa	쌍 ssang
쌔 ssae	쏘 sso	쑥 ssuk	씨 ssi			
ㅇ : 아 a	악 ak	안 an	알 al	암 am	압 ap	앙 ang
앞 ap	애 ae	액 aek	앵 aeng	야 ya	약 yak	얀 yan
양 yang	어 eo	억 eok	언 eon	얼 eol	엄 eom	업 eop
에 e	여 yeo	역 yeok	연 yeon	열 yeol	염 yeom	엽 yeop
영 yeong	예 ye	오 o	옥 ok	온 on	올 ol	옴 om
옹 ong	와 wa	완 wan	왈 wal	왕 wang	왜 wae	외 oe
왼 oen	요 yo	욕 yok	용 yong	우 u	욱 uk	운 un
울 ul	움 um	웅 ung	위 wo	원 won	월 wol	위 wi
유 yu	육 yuk	윤 yun	율 yul	융 yung	윷 yut	으 eu
은 eun	을 eul	음 eum	읍 eup	응 eung	의 ui	이 i
익 ik	인 in	일 il	임 im	입 ip	잉 ing	
ㅈ : 자 ja	작 jak	잔 jan	잠 jam	잡 jap	장 jang	재 jae
쟁 jaeng	저 jeo	적 jeok	전 jeon	절 jeol	점 jeom	접 jeop
정 jeong	제 je	조 jo	족 jok	존 jon	졸 jol	종 jong
좌 jwa	죄 joe	주 ju	죽 juk	준 jun	줄 jul	중 jung
쥐 jwi	즈 jeu	즉 jeuk	즐 jeul	즘 jeum	즙 jeup	증 jeung
지 ji	직 jik	진 jin	질 jil	짐 jim	집 jip	징 jing
짜 jja	째 jjae	쪼 jjo	찌 jji			
ㅊ : 차 cha	착 chak	찬 chan	찰 chal	참 cham	창 chang	채 chae
책 chaek	처 cheo	척 cheok	천 cheon	철 cheol	첨 cheom	첩 cheop
청 cheong	체 che	초 cho	촉 chok	촌 chon	총 chong	최 choe
추 chu	축 chuk	춘 chun	출 chul	춤 chum	충 chung	측 cheuk
층 cheung	치 chi	칙 chik	친 chin	칠 chil	침 chim	칩 chip
칭 ching	집 chip	칭 ching				
ㅋ : 코 ko	쾌 kwae	크 keu	큰 keun	키 ki		
ㅌ : 타 ta	탁 tak	탄 tan	탈 tal	탐 tam	탑 tap	탕 tang	태 tae
택 taek	탱 taeng	터 teo	테 te	토 to	톤 ton	톨 tol
통 tong	퇴 toe	투 tu	통 tung	튀 twi	트 teu	특 teuk
틈 teum	티 ti					
ㅍ : 파 pa	판 pan	팔 pal	패 pae	팽 paeng	퍼 peo	페 pe
펴 pyeo	편 pyeon	펌 pyeom	평 pyeong	폐 pye	포 po	폭 pok
표 pyo	푸 pu	품 pum	풍 pung	프 peu	피 pi	픽 pik
필 pil	핍 pip					
ㅎ : 하 ha	학 hak	한 han	할 hal	함 ham	합 hap	항 hang
해 hae	핵 haek	행 haeng	향 hyang	허 heo	헌 heon	험 heom
헤 he	혀 hyeo	혁 hyeok	현 hyeon	혈 hyeol	혐 hyeom	협 hyeop
형 hyeong	혜 hye	호 ho	혹 hok	혼 hon	홀 hol	흡 hop
홍 hong	화 hwa	확 hwak	환 hwan	활 hwal	황 hwang	홰 hwae
횃 hwaet	회 hoe	획 hoek	횡 hoeng	효 hyo	후 hu	훈 hun
횐 hwon	훼 hwe	휘 hwi	휴 hyu	횰 hyul	흉 hyung	흐 heu
흑 heuk	흔 heun	흘 heul	흠 heum	흡 heup	흥 heung	희 hui
흰 huin	히 hi	힘 him				

漢字の練習ノート

へん こう 変更	変更	変更	変更
ひ づけ 日付	日付	日付	日付
びん めい 便名	便名	便名	便名
かく にん 確認	確認	確認	確認
ほん じつ 本日	本日	本日	本日
まこと 誠に	誠に	誠に	誠に
たの 楽しい	楽しい	楽しい	楽しい
そら たび 空の旅	空の旅	空の旅	空の旅
めん せつ 面接	面接	面接	面接
じゅん び 準備	準備	準備	準備

練習問題

1. 例のように しなさい。

> 例) 持つ → お持ちいたす(갖다 드리다)
>
> 案内 → ご案内いたす(안내해 드리다)

(1) 確認 →   (2) 変更 →

(3) 願う →   (4) 知らせる →

2. 日本語に しなさい。

(1) 예약번호를 알고 계신가요?

(2) 며칠에 출발하십니까?

(3) 즐거운 여행을 즐기시기 바랍니다.

3. 自由に 答えなさい。
   あなたの国を紹介してください。

예약상황 5

Ticketing

항공사 업무 가이드
기적의 항공서비스
영어·일어회화

 Reservation Center   Customer

🧑 This is Korean Air.

👩 I would like to make a reservation on April 17 bound for Maldives. The returning date is 7 of May, and it's for 2.

🧑 Yes, sir. The flight Korean air 473 to Maldives on April 17 is departing at 10:40 p.m. and the returning flight on May 7 is KE 474.

👩 How long does it take to Maldives?

🧑 It is via Colombo, so it will take 11 hours including 1 hour and a half transit time.

👩 Is it? Ok. Please make a reservation for me.

🧑 Alright. May I have your name as it's written on your passport and your contact number please.

👩 Dakahashi Rumi and Kato Makoto, please. My number is 010-9876-5432

🧑 Ok, sir. Your flight is reserved. Do you have tickets?

👩 No, do you accept a credit card?

Yes, I'll help you with your ticketing.

I'll pay in a lump sum.

Ok. I'll send you the e-ticket. May I have your email address?

Yes, it's rumitakahashi@naver.com.

Yes, I'll send it right away. Thank you for calling.

Vocabulary

- ticketing 발권
- via ~를 경유하여, ~을 통하여
- transit 환승
- accept 받아들이다, 받아주다
- in a lump sum 일시불로(sn. in a single payment)
  (**cf.** in installments 할부로)

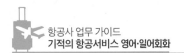

More Expressions

■ 예약 시 필요한 표현

1. for 2 : 2명을 위한

　　ex　I need a seat for 2.

2. at 2 : 2시에

　　ex　I need a seat at 2.

3. under the name of : ~의 이름으로

　　ex　I'll make a reservation under the name of Kimmy.

Prectice

1. He made a reservation for 2 at 7 under the name of Mike.

2. I booked a tale for 5 at 4 under the name of Sue.

3. She reserved seats for 4 at 2 under the name of hers.

One Point Grammar

■ As 용법

<전치사>

1. as = like : ~처럼

ex He behaved like a fool.

2. as : ~로서

ex She worked as a doctor.

<부사>

as : ~하는 것과 같이, ~듯이

ex As always, she was beautiful.

<접속사>

1. as = when : ~때

ex She did her homework as I was entering the room.

2. as = while : ~하면서

ex I did my work as I was listening to music.

3. as : ~함에 따라, ~대로

ex He tried to be calm as I said.

4. as : ~듯이, ~다시피

ex As we know, the test was very difficult.

5. as = because : 왜냐하면

ex He studies hard as he has a test next week.

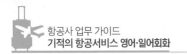

Comprehension Practice

A 다음의 빈 칸에 알맞은 단어를 넣어 문장을 완성하시오.

accept	in a lump sum	email	contact
as	in installments	including	for

1. Do you _____ credit card?

2. I want to pay for my bag _____ for 3 months.

3. Your flight time will be 11 hours _____ transit time.

4. I need a table _____ 2 tonight.

5. She behaved _____ a tomboy.

B 괄호 안의 말을 알맞게 배열하여 주어진 의미를 영어로 완성하시오.

1. 당신의 이름을 여권에 쓰여 있는 대로 알려주세요.
   (May I/ as it's written/ have/ your name/ on your passport))

   _____

2. 일시불로 내겠습니다.(in/ pay/ I/ will/ a/ sum/ lump)

   _____

3. 신용카드 되나요?(you/ take/ a credit card/ do)

   _____

C 주어진 문장에 알맞은 답을 해보시오.

1. How would you like to pay?

_____

2. How long does my flight to Paris take?(14 hours)

_____

3. Would you like to reserve a table?

_____

豫約狀況 5

発券のお支払

항공사 업무 가이드
기적의 항공서비스
영어·일어회화

予約センター　 お客さま

　大韓航空　予約センターでございます。

　4月17日 モルディブ行の予約をお願いします。 帰りは5月7日、 二人です。

　はい、4月17日　モルディブ行の飛行機は　22時40分発の
　　大韓航空473便と、5月7日　お帰りの便は474便がございます。

　あの、モルディブまで　何時間くらい　かかりますか。

　コロンボを　経由するので、グラウンドタイム　1時間30分を含めますと
　　実際の　フライトタイムは　11時間ぐらい　予想されます。

　そうですか。それじゃ、予約　お願いします。

　かしこまりました。パスポートに　書かれている　お二人の　お名前を
　　英語の　スペルで　お願いします。それから　ご連絡先も　お願いいたします。

　高橋ルミ(Takahashi Rumi), 加藤誠(Katou Makoto)です。
　　携帯番号は　010-9876-5432です。

　お客さま、ご予約いたしました。あの、航空券は　お持ちでしょうか。

　いいえ、お支払いは　クレジット・カードでも　いいかしら。

　はい、けっこうです。それじゃ、発券の　お支払を　お手伝いいたしましょう
　　か。

　一括払いでお願いします。

わかりました。それじゃ、Eチケットをお送りいたします。
お客さまの電子メールのアドレスをお願いいたします。

はい、RUMITAKAHASHI@NAVER.COMです。

はい、すぐにお送りいたします。お電話 ありがとうございました。

大韓航空	モルディブ	経由	グラウンドタイム	含める	実際
予想	スペル	お支払い	クレジット・カード	発券	一括払い
チケッティング	Eチケット	電子メール	アドレス	空の旅	·

チェック・ポイント

＜記号の読み方＞

!	感嘆符(かんたんふ)	ビックリマーク, びっくり
"	引用符(いんようふ)	ダブルクォーテーション, 二重引用符
#	番号記号(ばんこう　きごう)	シャープ
$	ドル記号(きごう)	ドル, ダラー
%	パーセント	パーセント
&	アンパサンド	アンド, アンパサンド
'	アポストロフィ, アクサンテギュ	シングルクォーテーション, クォート, アポストロフィー
(	左小括弧(ひだり　しょうかっこ)	括弧, 丸括弧, 左丸括弧
)	右小括弧(みぎ　しょうかっこ)	括弧閉じ, 丸括弧閉じ, 右丸括弧
*	アステリスク	アスタリスク, アスター
+	正符号(せいふごう)	プラス
,	コンマ、セディユ	コンマ
-	ハイフン, 負記号(ふきごう)	ハイフン, マイナス
.	ピリオド	ピリオド, ドット
/	斜線(しゃせん)	スラッシュ
:	コロン	コロン
;	セミコロン	セミコロン
<	不等号 (より小)	小なり
=	等号(とうごう)	イコール
>	不等号 (より大)	大なり
?	疑問符(ぎもんふ)	クエスチョンマーク, はてな
@	単価記号(たんか　きごう)	アットマーク, アット
[	左大括弧(ひだりだいかっこ)	角括弧, 左角括弧, 大括弧
¥	円記号(えん　きごう)	円マーク
]	右大括弧(みぎだいかっこ)	角括弧閉じ, 右角括弧, 大括弧閉じ

^	アクサンシルコンフレックス	山形、ヤマ, ハット
_	アンダーライン	アンダースコア
`	アクサンクラーブ	バッククォート
{	左中括弧(ひだりちゅうかっこ)	中括弧
|		縦棒
}	右中括弧(みぎちゅうかっこ)	中括弧閉じ
~	オーバーライン	チルダ, チルド
｡	句点(くてん)	まる
、	読点(とうてん)	てん
・	中点(ちゅうてん)	なかてん
ー	長音符号(ちょうおん　ふごう)	長音符号, のばす
゛	濁点(だくてん)	濁点
゜	半濁点(はんだくてん)	半濁点
「	始括弧(はじめかっこ)	かぎ括弧
」	終括弧(おわりかっこ)	かぎ括弧閉じ
～		スワングダッシュ
＼		バックスラッシュ

🔳 漢字の練習ノート

しはら 支払い	支払い	支払い	支払い
だいかん こうくう 大韓航空	大韓航空	大韓航空	大韓航空
けい ゆ 経由	経由	経由	経由
じっ さい 実際	実際	実際	実際
れん らく さき 連絡先	連絡先	連絡先	連絡先
けい たい 携帯	携帯	携帯	携帯
こう くう けん 航空券	航空券	航空券	航空券
はっ けん 発券	発券	発券	発券
いっかつ ばら 一括払い	一括払い	一括払い	一括払い
でん し 電子	電子	電子	電子

練習問題

1. 例の韓国語をカタカナで書きなさい。

> 例) 호텔 ➡ ホテル　　서울 ➡ ソウル

(1) 티켓 ➡

(2) 센터 ➡

(3) 여권 ➡

(4) 그라운드타임 ➡

2. 日本語に しなさい。

(1) 여권에 적혀 있는 영어 스펠링을 말씀해 주십시오.

(2) 항공권을 가지고 계십니까?

(3) 발권 지불을 도와드리겠습니다.

3. 自由に 答えなさい。

あなたは海外旅行をしたことがありますか。

Chapter 02

Boarding 탑승

항공사 업무 가이드
기적의 항공서비스
영어·일어회화

탑승상황 1

Check-in

항공사 업무 가이드
기적의 항공서비스
영어·일어회화

 Ground Staff Customer

Hello, sir. Where are you scheduled to travel?

I'm going to Tokyo on ANA862. Can I check-in now?

Yes, this way, please. May I see your passport and ticket?

Here you are.

Mr.Nakamura Minoru, your flight is ANA862. Are you travelling alone?

Yes. What time does the flight arrive in Tokyo, Haneda?

It is estimated to arrive in Haneda at 9:55. Do you have any check-in baggage?

No. I only have a hand-carry baggage.

I see.

Excuse me. Is there any drug store around here?

A drug store is behind the counter F if you go straight.

Vocabulary

- be scheduled to ~할 예정이다
- be estimated to ~하는 것으로 추정되다, 예상되다
- check in baggage 붙이는 짐
- hand carry baggage 기내 들고 가는 짐 = carry on baggage
- behind 뒤에

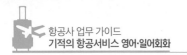
More Expressions

■ schedule: 계획, 스케줄 과 연관된 표현들

1. be scheduled to + R : ~ 할 예정이다. / be scheduled for + n

He is scheduled to do the project.
= He is scheduled for the project.

2. on schedule = as scheduled 예정대로

ahead of schedule 예정보다 일찍/ 일정보다 일찍
behind schedule 예정보다 늦게/ 일정보다 늦게

■ estimate 추정, 추산, 견적서, 추산하다, 예상하다

1. be estimated to ~라고 추산되다, 예상되다

2. estimated departure time/ arrival time 예상 출발 시간/ 예상 도착 시간

scheduled departure time/ arrival time 예정 출발 시간/ 예정 도착 시간
actual departure time/ arraival time 실제 출발 시간/ 실제 도착 시간

One Point Grammar

■ 위치 전치사

1.

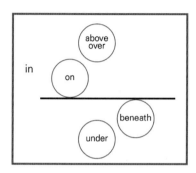

2. in front of ◯ behind

    cf) in the front of/ in the middle of/ in the back of

3. Ⓐ betwen Ⓑ

4.

5. around

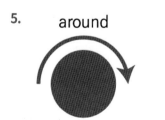

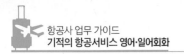

One Point Grammar

■ be + ~ing : ~하고 있다 (현재 진행) / ~ 할 것이다 (가까운 미래)

1. 현재 진행 : 현재 진행 중인 행동을 표현

ex He is working out.

She is lecturing in the classroom 202 now.

2. 가까운 미래 : 미래 예정의 의미를 나타냄. 왕래, 출발, 도착 등의 동사와 미래부사가 함께 쓰임.

ex They are coming tonight.

He is leaving soon.

cf) be going to + R : 미래의 뜻을 지님. ~할 것이다.

ex They are going to go out tonight.

She is going to start doing dishes.

Comprehension Practice

Ⓐ 다음의 빈 칸에 알맞은 단어를 넣어 문장을 완성하시오.

hand carry bag	be scheduled to	estimated departure time	behind
as scheduled	on	across	along

1. Some cars are parked _____ the street.

2. She arrived at the hospital _____ .

3. I have only one _____ and no check in baggage.

4. The _____ is 5: 30 pm.

5. I _____ go to a movie with Jack.

Ⓑ 괄호 안의 말을 알맞게 배열하여 주어진 의미를 영어로 완성하시오.

1. 그는 10월에 미국에 가기로 되어있다.

   (be scheduled to/ he/ go/ America/ to/ on October)

   _____

2. 그녀는 버스에 있다. (is/ on/ bus/ she/ the)

   _____

3. 껌이 책상 밑에 붙어있었다.

   (was attached/ a chewing gum/ my desk/ beneath)

   _____

C 주어진 문장에 알맞은 답을 해보시오.

1. What is on the wall in your classroom?

_____

2. What are you scheduled to do after this class?

_____

3. What are you going to do this weekend?

_____

항공사 업무 가이드
기적의 항공서비스
영어·일어회화

搭乗狀況 1

搭乗手續 - [搭乗案內]

항공사 업무 가이드
기적의 항공서비스
영어·일어회화

<搭乗手続-搭乗案内>

地上係員　　お客さま

おはようございます。 どちらへ いらっしゃいますか。

ANA862便、東京です。チェックインできますか。

はい、どうぞ。パスポートと チケットを お願いします。

どうぞ。

中村実様、ANA862便ですね。お一人様でしょうか。

そうです。東京羽田には 何時に 到着するんですか。

はい、羽田到着は 9時55分を 予定しております。

お預けになる お荷物は ございませんか。

はい、機内持込みの手荷物しか ありません。

かしこまりました。

あの、ちょっとお聞きしたいんですけど、近くに 薬屋さん ありますか。

薬局でしたら、こちらを まっすぐ Fカウンターの うしろに ございます。

地上係員	羽田	予定	お預けになる
お荷物	機内持込みの手荷物	薬屋	薬局

搭乗案內

日本航空より 皆様に ご搭乗のご案内を 申し上げます。

日本航空954便にて 東京成田へ ご出発のお客様は、

ただいまより 27番ゲートより ご搭乗くださいませ。

チェック・ポイント

1 '～んですか'용법

'～んです'는 '～のです'의 회화체로 원인, 이유, 판단의 근거 등을 설명하거나 보다 자세한 설명을 요구할 때 쓰는 표현이다. 어떤 상황에 대해 설명을 요구한다는 전제를 필요로 한다.

(本文) 東京には 何時ぐらいに 到着するんですか。(상황설명요구)

1) 朝から 熱が あるんです。(상황설명)

2) 交通が 不便なんです。(이유)

3) アメリカで 買ったんですか。(설명요구)

4) 来年は パリへ 行きたいんですけど。(이유, 상황)

5) これ、食べてもいいんですか。(설명요구)

　(例外) "お願いが あるんですが、～"는 이야기를 꺼낼 때 사용한다.

2 'にて'와 'で', 'から'와 'より'

1) 'にて'와 'で' : 똑같이 '～으로'라는 뜻으로 'にて'는 우아한 말투로, 격식을 차린 문어체이며, 'で'는 구어체이다.

　これにて 座談会を 終わります。

　これで 座談会を 終わります。

2) 'から'와 'より' : 똑같이 '～에서'라는 출발점을 나타내는 격조사의 뜻을 나타내며,

　'より'는 격식을 차린 문어체이고 'から'는 구어체이다.

　　東京より 名古屋まで 何時間ぐらい かかりますか。

　　東京から 名古屋まで 何時間ぐらい かかりますか。

3 경어표현 'お～ます形 + になる', 'ご(한자) + になる'

お買いになる(사시다)　　お休みになる(쉬시다, 주무시다)

ご質問になる(질문하시다)　　ご予定になる(예정하시다)

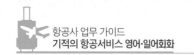
≡ 漢字の練習ノート

ちじょう かかりいん 地上係員	地上係員	地上係員	地上係員
とう きょう 東京	東京	東京	東京
はね だ 羽田	羽田	羽田	羽田
あず 預ける	預ける	預ける	預ける
に もつ 荷物	荷物	荷物	荷物
き ないもちこ 機内持込み	機内持込み	機内持込み	機内持込み
て に もつ 手荷物	手荷物	手荷物	手荷物
とう じょうてつづき 搭乗手続	搭乗手続	搭乗手続	搭乗手続
あん ない 案内	案内	案内	案内
やっきょく 薬局	薬局	薬局	薬局

練習問題

1. 例にようにしなさい。

> 例) 帰る → お帰りになる、
> 質問する → ご質問になる

(1) 説明する →　　　　　　　(2) 到着する →

(3) 書く →　　　　　　　　　(4) 買う →

(5) 預ける →

2. 日本語にしなさい。

(1) 어디 가십니까?

(2) 여권을 보여 주십시오.

(3) 몇 시쯤에 도착합니까?

(4) 부치실 짐은 없으십니까?

(5) 기내에 가지고 들어갈 짐밖에 없습니다.

3. 自由に答えなさい。
あなたの長所は 何ですか。

탑승상황 2

Assigning Seats with Companions

항공사 업무 가이드
기적의 항공서비스
영어·일어회화

 Ground Staff   Customer

 Hello. Where are you travelling to?

 I go to Sapporo. Can I check in here?

 Yes, I'll do it for you. How many people are you travelling together?

 4 people. Can we seat all together?

 Well. Let me check. Firstly, May I see your passports and tickets, please?

 Yes, here you are.

 Sir, I'm sorry. Unfortunately, today this flight is full. Three of you can have seats together but one of you should be seated separately. Is it alright?

 Nothing I can do. Then, please make 3 seats together.

 Yes, ok.

 How long does it take to Sapporo?

 It takes around 2 hours and 40 minutes.

Vocabulary

- companion 동반자, 친구
- unfortunately 불행하게도
- how long 얼마나 오래
- around 대략 = approximately, about

More Expressions

■ Sequence 순서를 나타내는 표현

첫 번째 : first, firstly, first of all, above all

두 번째 : second, secondly

세 번째 : third, thirdly

다음으로 : next, then

마지막으로 : lastly, finally

Prectice

1. 학교 오기까지의 순서를 영어로 설명해 보세요.
2. 자신이 가장 중요하다고 생각하는 것을 말하시고 그 이유를 3가지 이상 영어로 설명해 보세요.

One Point Grammar

■ It의 특수 용법

비인칭 주어로 계절 날씨, 시간, 거리, 명암, 일반적인 상황들을 나타냄

1. 계절, 날씨

ex It's winter now.

It's rainy today.

2. 시간

ex It's 5 o'clock.

It takes 3 hours from Seoul to Hong Kong.

3. 거리

ex How far is it from Seoul to Sapporo?

It takes 20 minutes on foot.

4. 명암

ex It's getting dark.

It is brighter outside.

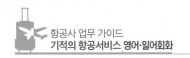

Comprehension Practice

A 다음의 빈 칸에 알맞은 단어를 넣어 문장을 완성하시오.

unfortunately	it	I	then
approximately	together	takes	how much

1. _____ water do you need?

2. _____, all of these items are sold out. I'm sorry.

3. _____ takes 2 hours to complete the project.

4. First, you click the file. _____, check the virus on the file.

5. She has lived in Dubai _____ 5 years.

B 괄호 안의 말을 알맞게 배열하여 주어진 의미를 영어로 완성하시오.

1. 여기서 시드니까지 얼마나 걸리나요?

(long/ it/ take/ does/ how/ here/ Sydney/ from/ to)

_____

2. 얼마나 많은 사람이 같이 여행하시나요?

(are/ how/ you/ travelling/ together/ many/ people)

_____

3. 이 비행기는 오늘 만석입니다. (full/ today/ this/ is/ flight)

_____

C 주어진 문장에 알맞은 답을 해보시오.

1. How long does it take from your place to your school?

_____

2. Can you tell me how you make instant noodles in order?

_____

搭乗状況 2

隣同士の座席指定 -
[搭乗優先案内]

항공사 업무 가이드
기적의 항공서비스
영어·일어회화

<隣同士の座席指定-搭乗優先案内>

 地上係員　 お客さま

　こんにちは。どちらへ いらっしゃいますか。

 札幌です。こちらで チェックインできますか。

 はい、できます。何名様でございますか。

 四人です。四人で 一緒に 並んで 座れますか。

 そうですね。調べてみます。
　　まず 皆様のパスポートとチケットを お見せください。

 はい、これ。

 お客様、もうしわけございません。
　　あいにく 今日は 満席で、三名様 お隣同士のお座席は 取れますが、
　　お一人は 少し 離れてしまいます。よろしいでしょうか。

 仕方が ないね。それじゃ、三人だけでも お願いします。

 はい、かしこまりました。

 札幌まで 何時間ぐらいかかりますか。

 そうですね。約2時間40分ぐらいかかるとおもいます。

札幌	何名様	札幌	四人	一緒に
並ぶ	座る	あいにく	満席	隣同士
取る	離れる	仕方がない		

搭乗優先案内

ご案内申し上げます。

アシアナ航空172便にて 沖縄行きの お客さま、ただいまより 搭乗を 開始いたします。

お体の 不自由なお客さま、お子様連れのお客さま、ご妊娠中のお客様から ご搭乗ください。続きまして、お座席番号 47番以降の お客さまより ご搭乗くださいませ。

チェック・ポイント

1 'できる'의 표현

1) 할 수 있다.

私にもできる。

2) 완성되다, 다 되다.

食事の用意ができた。覚悟はできてる。

3) 만들어지다, 생산되다.

紙はパルプでできる。

4) 생기다, 발생되다.

用意ができた。新しい店ができた。

5) 태어나다.

やっと子供ができた。

6) 잘 한다, 할 줄 안다.

私は日本語ができる。

7) (인품이) 원만하다.

金さんはできた人だ。

8) (남녀가) 정을 통하다.

あの二人はできてる。

※ 搭乗優先案内(その他)

OO航空より　札幌行き、　5時　30分発、984便を
ご利用のお客さまへ、優先搭乗のご案内をいたします。
機内の通路が混雑することなくおのりいただくために、
座席番号が49番以降のお客さまよりご案内いたします。

≡ 漢字の練習ノート

さっぽろ 札幌	札幌	札幌	札幌
となりどうし 隣同士	隣同士	隣同士	隣同士
まんせき 満席	満席	満席	満席
ゆうせん 優先	優先	優先	優先
かいし 開始	開始	開始	開始
ふじゆう 不自由	不自由	不自由	不自由
こさま お子様	お子様	お子様	お子様
にんしん 妊娠	妊娠	妊娠	妊娠
いこう 以降	以降	以降	以降
してい 指定	指定	指定	指定

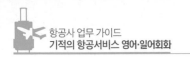

練習問題

1. 例のように しなさい。

> 例) 買う → 買える

(1) 泳ぐ →　　　　　　　　　(2) 取る →

(3) する →　　　　　　　　　(4) 来る →

(5) 調べる →

2. 日本語にしなさい。

(1) 몇 분이십니까?

(2) 함께 앉을 수 있습니까?

(3) 공교롭게도 오늘은 만석입니다.

(4) 4분의 동반좌석은 잡을 수 없습니다.

(5) 어쩔 수가 없군요.

3. 自由に答えなさい。
あなたの信条を教えてください。

항공사 업무 가이드
기적의 항공서비스
영어·일어회화

탑승상황 3

Assigning a Desirable Seat

항공사 업무 가이드
기적의 항공서비스
영어·일어회화

 Ground Staff   Customer

 Welcome.

 I'm going to Tokyo.

 Yes. I can help you with check in for the flight JAL 954 here. Please show me your passport and ticket.

 Here you are. Can I have a window seat?

 Alright. I'll check it for you. The window seat is available in the front of the cabin. Would you like it?

 Sure. Great. Thank you.

 Please put your check-in baggage here.

 I have one.

 Is there any valuable or fragile items? If you have, please remove it.

 No, there isn't.

 Yes, just a moment, please.

Vocabulary

- desirable 원하는, 갈망하는
- window seat 창가 자리 (**cf.** aisle seat 복도 자리)
- in the front of ~의 앞부분에 (**cf.** in front of ~의 앞에)
- check-in baggage 카고로 보내는 짐 (**cf.** hand carry bag, carry on bag)
- valuable 소중한, 귀중한
- fragile 깨지기 쉬운
- remove 치우다, 없애다

More Expressions

■ in the front of/ in the middle of/ in the back of

cf) in front of

Prectice

One Point Grammar

■ some과 any의 용법

1. '약간의' 라는 뜻 some- 긍정문 / any- 부정문, 의문문, 조건문

> ⓔ Do you have any family in USA?
>
> Yes, I have some (family).
>
> No, I don't have any (family).
>
> If you have any questions, you can ask me some (questions).

2. 의문문 some- 긍정의 대답을 기대하는 경우

> ⓔ Would you like to have some tea or coffee?
>
> Don't you have some letters in the box?: 긍정을 확신하는 경우

3. 긍정문 any- '어떤 ~라도' '어떤 ~든'

> ⓔ You can choose any of these cars.
>
> Any adults will decide that way.

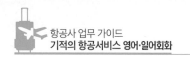

Comprehension Practice

A 다음의 빈 칸에 알맞은 단어를 넣어 문장을 완성하시오.

aisle seat	fragile	some	any
available	in the middle of	valuable	remove

1. I often go to a rest room during the flight, so can I have an
_____ ?

2. I have some glasses in my bag. Please put some _____ tag.

3. I want to have a seat _____ the cabin.

4. The lavatory is _____ now. No one is using it.

5. Please _____ some dangerous goods in your bag.

B 괄호 안의 말을 알맞게 배열하여 주어진 의미를 영어로 완성하시오.

1. 창가 좌석이 기내 뒤쪽에 가능합니다.

(are/ the cabin/ available/ some/ at the back of/ window seats)

_____

2. 제가 확인해 보겠습니다. (check/ will/ for/ I/ it/ you)

_____

3. 어떤 귀중품이든 금고에 넣어주세요.

(please/ any/ in/ valuable things/ a safety box/ put)

_____

C 주어진 문장에 알맞은 답을 해보시오.

1. What do you carry in your bag when you travel?

_____

2. Do you know what part it is in the very front of the airplane?

_____

搭乗状況 3

希望の座席指定 -
[最終搭乗案内]

항공사 업무 가이드
기적의 항공서비스
영어·일어회화

<希望の座席指定-最終搭乗案内>

👨 地上係員　👩 お客さま

👨 いらっしゃいませ。

👩 東京へ 行きたいんですが。

👨 はい、日本航空954便は、
　　こちらで 搭乗手続きを お手伝いいたします。
　　パスポートと チケットを お見せください。

👩 はい、どうぞ。あの、窓側の座席を お願いしたいんですけど。

👨 かしこまりました。調べてみますね。
　　前方に 窓側の お座席が ございます。よろしいでしょうか。

👩 あ、よかった。ありがとう。

👨 はい。お預けになる お荷物を こちらに 載せてください。

👩 ひとつ あります。

👨 この中に 貴重品や　壊れやすいものは ございませんか。
　　ございましたら、おとり いただけますか。

👩 ありません。

👨 はい、わかりました。 しばらく お待ちください。

搭乗手続き	窓側	預ける	お荷物
載せる	貴重品	壊れやすい(フラジール, Fragile)	

最終搭乗案内

大韓航空より 皆様に ご搭乗の 最終案内を 申し上げます。

大韓航空001便にて 東京成田行の お客さまは、

飛行機が まもなく 出発いたしますので 5番ゲートより ご搭乗くださいませ。

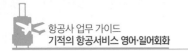
チェック・ポイント

1 航空機の内部

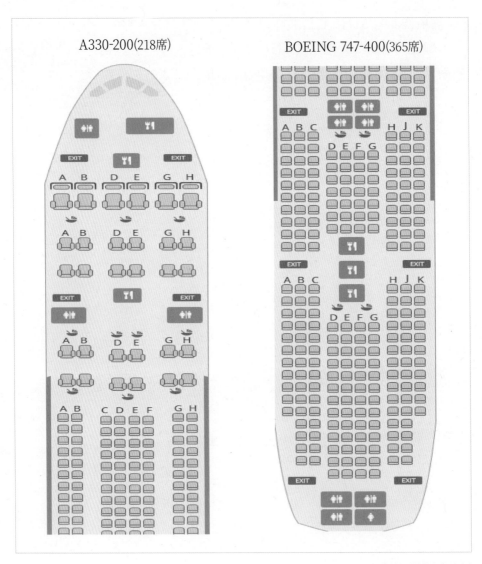

A330-200(218席)

BOEING 747-400(365席)

출처 : 대한항공 홈페이지

漢字の練習ノート

き ぼう 希望	希望	希望	希望
に ほん こう くう 日本航空	日本航空	日本航空	日本航空
まど がわ 窓側	窓側	窓側	窓側
き ちょう ひん 貴重品	貴重品	貴重品	貴重品
ぜん ぽう 前方	前方	前方	前方
あん ない 案内	案内	案内	案内
こわ 壊れる	壊れる	壊れる	壊れる
さいしゅう 最終	最終	最終	最終
もう あ 申し上げる	申し上げる	申し上げる	申し上げる
しょうかい 紹介	紹介	紹介	紹介

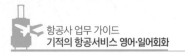

練習問題

1. 一つから十までを ひらがなで 書きなさい。

一つ	二つ	三つ	四つ	五つ
六つ	七つ	八つ	九つ	十

2. 日本語に しなさい。

(1) 탑승수속을 도와드리겠습니다.

(2) 창가 좌석을 부탁합니다.

(3) 귀중품이나 깨지기 쉬운 것은 없습니까?

(4) 꺼내 주시겠습니까?

3. 自由に 答えなさい。
   あなたのロールモデルは 誰ですか。

항공사 업무 가이드
기적의 항공서비스
영어·일어회화

Check-in for the Emergency Exit Seat

 Ground Staff   Customer

 Is there an emergency exit seat?

 Let me check.

(Searching for the seat)

Yes, there is.

 Excellent. I'll take it.

 Sure. Sir, Let me advise you about the emergency exit seat. Passengers seated in the emergency exit seats have to assist cabin crew on the emergency situation. You have to assist other passengers with the emergency evacuation. Is it ok if you are asked to help?

 Of course, I will.

 Thank you. Have a nice trip.

🗨 Vocabulary

- emergency exit 비상구
- assist 돕다
- situation 상황
- evacuation 피난, 대피, 탈출

More Expressions

■ Emergency Exit Seat에 앉을 수 없는 승객

Not willing to assist cabin crew on emergency situations

Disabilities

Children

Drunk passengers

Not able to speak in English

■ During the flight

Not allowed to drink

■ 좌석의 종류 및 기내 구역, 기물 영어 명

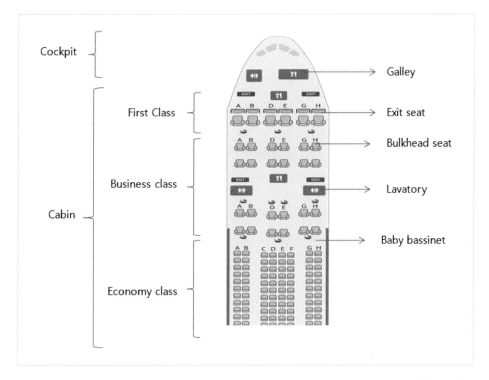

출처: 대한항공 홈페이지

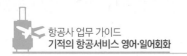

One Point Grammar

■ 접속사 If : 만일 ~라면, 가정 조건의 부사절을 이끈다.

ex Come if you like.

I will write a letter if (it is) necessary.

Is it ok if you are asked to help?

cf) 같은 의미를 지닌 접속사

1) in case (that) = if : 만일 ~이면, ~하는 경우에는

ex Is it ok in case you are asked to help?

In case I call, please come to me.

Please remind me of the schedule, in case I forget.

2) provided (that), on condition that = if : ~라는 조건으로, 만약 ~이라면

ex He will wait her provided (that) she keeps her promise.

I will join you provided (that) he joins you.

I will do it on condition that I am acknowledged.

You can go on a trip on condition that you pass the exam.

3) suppose, supposing (that) **= if**

ex Suppose (that) you are proposed, what will you do?

Supposing (that) you got failed, what would you do?

4) so long as = on condition that, provided that, if only :
~하는 한, 만일 ~라면

ex I will remember his kindness so long as I am alive.

He can get passed so long as he tries his best.

So long as he loves me, I will love him.

Comprehension Practice

A 다음의 빈 칸에 알맞은 단어를 넣어 문장을 완성하시오.

disabilities	drink	baby bassinet	cabins
bulkhead seat	if	lavatory	galley

1. Please come and join us tonight _____ you are free tonight.

2. _____ can not get seats on the emergency exit seats.

3. I have a baby with me, so please prepare the _____.

4. _____ of the aircraft is divided into three parts, fist, business, and economy classes.

5. Cabin crew prepare the food and beverage for their passengers in the _____.

B 괄호 안의 말을 알맞게 배열하여 주어진 의미를 영어로 완성하시오.

1. 응급상황에 승무원을 도울 의지가 없다면, 비상구 좌석에 앉을 수 없다.
(can't/ if/ are willing to/ on the emergency exit seat/ you/ assist/ sit/ you/ not/ cabin crew)

2. 그녀가 약속을 지킨다면 그는 그녀를 기다릴 것이다.
(he/ she/ provided/ will/ keeps the promise/ wait)

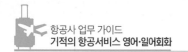

3. 만약 네가 프로포즈를 받는다면 어떻게 할 거니?

(suppose/ are proposed/ you/ will/ you/ do/ what)

_____

C 주어진 문장에 알맞은 답을 해보시오.

1. If a passenger is drunk during the flight, what would you do?

_____

항공사 업무 가이드
기적의 항공서비스
영어·일어회화

非常口座席案内 -
[搭乗遅延案内]

<非常口座席案内-搭乗遅延案内>

👩‍✈️ 地上係員　　👩 お客さま

👩 すみません。非常口の 座席、空いてますか。

👩‍✈️ 調べてみます。(調べてみてから) はい、ございます。

👩 それじゃ、非常口の席に お願いします。

👩‍✈️ かしこまりました。
　　 お客さま、非常口について 少し 案内させていただきます。
　　 非常口座席に お座りのお客さまには、
　　 非常時に 乗務員の 援助を お願い致しております。
　　 お客さまは ほかのお客さまの 緊急脱出を
　　 お手伝いしなければなりませんが、
　　 お客さまの ご協力 お願いできますか。

👩 ああ、いいですよ。

👩‍✈️ ありがとうございます。楽しいご旅行をおくつろぎください。

非常口	空く	について	案内	非常時
乗務員	援助	緊急	脱出	ご協力

搭乗遅延案内

　　チェジュ航空より お客さまに ご案内申し上げます。9時出発予定の チェジュ
航空1302便 大阪行きは、この空港の 濃い霧のため、出発が 遅れております。も
う しばらく お待ちくださいませ。お急ぎのところ、申し訳ございません。

チェック・ポイント

1 기내의 비상/보안 장비 점검

* Fire & Smoke Equipment(화재진압장비) :

  BCF Extinguisher,

  H_2O Extinguisher, PBE, Protective Gloves, Crow Bar)

* Ditching & Evacuation Equipment(비상착수 및 탈출 장비) :

  Emergency Flashlife light, Emergency Light Switch,

  ELT(Emergency Locator Transmitter),

  Megaphone, Infant Vest)

* First Aid Equipment(응급조치장비) :

  AED, PO_2 Bottle, FAK, EMK,

  Medical Bag, Resuscitator Bag, UPK

* Demonstration Kit

* Security Equipment : Taser Gun, Rope, Handcuffs(수갑)

* Bomb Fragmentation Blanket(방폭담요), 방탄조끼

2 **DELAY 例文**

(Today, we are delayed due to _____)

* 悪天候のため(날씨가 좋지 않은, bad weather)

* 天候の関係で(기상조건으로, weather condition)

* この空港の濃い霧のため

  (공항의 짙은 안개로 인해, dense fog at airport)

* 滑走路の除雪のため

  (활주로의 제설작업으로 인해, snow being removed from the runway)

* 空港ターミナルの混雑のため

  (출국장의 혼잡으로 인해, congestion of the immigration area)

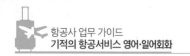

〓 漢字の練習ノート

ひ じょう ぐち 非常口	非常口	非常口	非常口
じょう む いん 乗務員	乗務員	乗務員	乗務員
えん じょ 援助	援助	援助	援助
だっしゅつ 脱出	脱出	脱出	脱出
きょう りょく 協力	協力	協力	協力
ち えん 遅延	遅延	遅延	遅延
ひ じょう じ 非常時	非常時	非常時	非常時
こ きり 濃い霧	濃い霧	濃い霧	濃い霧
きんきゅう 緊急	緊急	緊急	緊急
りょ こう 旅行	旅行	旅行	旅行

練習問題

1. 例のように しなさい。

> 例) 案内する ➜ 案内させていただきます

   (1) 連絡する ➜

   (2) 失礼する ➜

   (3) 拝見する ➜

2. 日本語に しなさい。

   (1) 비상구에 대해 잠시 안내해 드리겠습니다.

   (2) 손님의 협조 부탁드리겠습니다.

   (3) 다른 손님의 탈출을 도와주셔야 합니다.

3. 自由に 答えなさい。
   家から 学校までの 道を 教えてください。

탑승상황 5

Closing Check-in

항공사 업무 가이드
기적의 항공서비스
영어·일어회화

 Ground Staff   Customer

 Attention, passengers. We are closing check-in for KE 001 bound or Tokyo. Is there anyone who hasn't checked-in for this flight?

 Here, I haven't done it, yet.

 Come this way, please. Please show me your passport and ticket. Do you have any check-in baggage?

 No, I don't

 Ok. Here is your boarding pass. Your seat number is 38C and an aisle seat. The boarding gate is 43. Please come to the gate no. 43 till 17:10 because the departure time is 17:40. Please hurry, there isn't enough time.

 Yes. Thank you.

Vocabulary

- hurry 서두르다
- till ~까지
- enough 충분한

More Expressions

■ Important Terms In The Airport

1. Check in counter : 수속을 하는 곳

   - Self check in Kiosk/ Conveyor belt

2. Security Area : 보안검색대

   - Metal detector/ X-ray

3. Immigration : 입국장, 출국장

Immigration form/ Departure card/ Arrival card

4. Customs : 세관

Customs declaration form

5. Quarantine : 검역소

Quarantine declaration form

6. Duty free Area : 면세점

7. Boarding Gate : 탑승구

8. Arrival Area : 도착장

   - Baggage claim Area/ Carousal/ P.I.R (Property Irregularity Report)

One Point Grammar

■ enough to 의 용법 ≠ too to 용법

1. **enough + n + to R** : ~할 충분한 n

   ⓔⓧ He has enough money to buy the house.

2. **a + enough + to R** : ~할 만큼 충분히 a

   ⓔⓧ He is rich enough to buy the house.

3. **too a to R** : 너무 ~해서 ~할 수 없다.

   ⓔⓧ She is too poor to buy that house.

Comprehension Practice

A 다음의 빈 칸에 알맞은 단어를 넣어 문장을 완성하시오.

enough	too	till	cabin
bulkhead seat	hurry	lavatory	galley

1. We don't have much time. Please, _____ up.

2. Yesterday, it was _____ dark to read the document, because of the blackout in the office.

3. You have to finish your work _____ tomorrow to pass the test.

4. She is beautiful _____ to be a Miss Korea.

5. I want to have a _____ because I need a baby bassinet on the wall during the flight.

B 괄호 안의 말을 알맞게 배열하여 주어진 의미를 영어로 완성하시오.

1. 그들은 세계에서 유명하질 만큼 충분한 능력이 있다.

   (talent / they / famous / have / to / enough / be / in the world)

   _____

2. 그 시험은 너무나 어려워서 아무도 풀 수가 없다.

   (was / too / the test / solve / difficult / to)

   _____

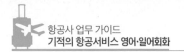
3. 그는 가수가 될 만큼 충분히 노래를 잘 한다.

(he / enough / sings / to / well / be / a singer)

_____

C 주어진 문장에 알맞은 답을 해보시오.

1. Could you tell me when you were in a hurry in your life?

_____

Boarding Announcement

Boarding Call

Ladies and gentlemen. This is an announcement from Japan Airlines. Passengers on JL 954 bound for Tokyo, Narita, please proceed to the Gate 27 for boarding.

Priority Boarding Call

Ladies and gentlemen. Now we start boarding for flight OZ 172 bound for Okinawa. First, the disabled, passengers with children, and pregnant passengers, please proceed to the gate. Then, passengers seating behind row 47 will be followed.

Final Boarding Call

Ladies and gentlemen. This is the final call. Korean Air, fight KE001 is about to depart shortly. Passengers on KE001 for Tokyo, Narita, please come to the Gate 5 to board.

Delayed Boarding

Ladies and gentlemen, this is an announcement for Jeju Air passengers. The flight 1302 scheduled to depart at 9 bound for Osaka is now delayed due to a dense fog in the airport. We apology for the inconvenience.

Passenger Paging Call

Attention, please. Now we are paging the passenger Nakamura Masatoshi on ANA 862 bound for Tokyo. Passenger Nakamura Masatoshi, please come to Gate 46.

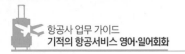
How To Read Announcement properly

1 단어의 각 발음을 정확하게 표현하기

ex 1) /f/ 와 /p/

| /f/ | fold | office | fashion |
| /p/ | paper | space | passion |

They are drinking some coffee.

They are making some copies.

He is very fashionable.

He is very passionate.

ex 2) /v/ 와 /b/

| /v/ | value | cover | view |
| /b/ | brown | about | baby |

He quickly covered some valuable things.

He thought about the black jacket.

She is very beautiful.

She is eating some strawberries.

ex 3) /l/ 과 /r/

| /l/ | lane | love | local |
| /r/ | rain | roll | rare |

He is running along the first lane

He is learning mathematics

He is leading the team

The manager is reading a report.

2 Native들이 하듯이 발음 굴리기

ex 1) 모음 사이에 낀 /t/는 약화시켜 굴리며 발음

da**t**a   personali**t**y   beau**t**iful

ex 2) /tr/ 과 /dr/은 '츄'나 '쥬'에 가깝게 굴려 발음

tree   **tr**ash   **dr**ain   **dr**eam

ex 3) /nt/ 와 /rt/에서의 /t/는 약하게 굴리며 발음

en**t**ertainment   in**t**erview
quar**t**er   ar**t**ist

ex 4) /tn/의 /t/는 삼키듯이 굴리며 발음

moun**t**ain   foun**t**ain   bu**tt**on   car**t**on

3 연음 활용하기

1) 단어의 끝 자음과 다음 단어의 첫 모음

Woul**d y**ou like to drink some tea?
Fil**l o**ut this form, please.
Your ma**ke u**p is very good today.

2) 같은 자음 또는 비슷한 자음이 연속으로 나오면 한번만 발음

I ha**d d**inner with him.
I like thi**s c**ereal brand.
He shoul**d d**rive the car safely.

4 Intonation 정확하게 활용하기

1) 평서문은 마지막에 내림

I have been to America.

2) yes/no 의문문은 마지막에 올림. wh 의문문은 마지막에 내림.

Did you finish your homework?
Where are you?

3) 쉼표에서는 쉼. 마침표에서 조금 더 길게 쉼.

I like some fruits like apples, bananas, grapes and strawberries.
But I don't like some vegetables like spinaches, carrots, and onions.

4) 내용어는 강하게 강조, 기능어는 약하게 넘어감.

내용어 : 명사, 동사 형용사, 부사, 수량어, 의문사, 부정어
기능어 : 대명사, be 동사, 조동사, 관사, 전치사, 접속사

항공사 업무 가이드
기적의 항공서비스
영어·일어회화

搭乗状況 5

チェック・イン締め切り -
[呼び出し案内]

항공사 업무 가이드
기적의 항공서비스
영어·일어회화

<チェック・イン締め切り-呼び出し案内>

(地上係員) 地上係員　(お客さま) お客さま

(地上係員) お客さまに ご案内いたします。
この時間を もちまして、大韓航空 001便 東京行きの 搭乗手続きを
締め切らせて いただきます。
大韓航空 001便 東京行きの方で まだ 搭乗手続きを
なさってない方は いらっしゃいませんか。

(お客さま) すみません。
私、まだ チェック・インしてないんですけど。

(地上係員) はい、こちらへ どうぞ。パスポートとチケットを お見せください。
お預けになる お荷物は ございませんか。

(お客さま) ありません。

(地上係員) はい、こちらは搭乗券です。
お座席番号は 38のCです。通路側です。
搭乗口は 43番ゲートです。
出発時間は 17時40分ですから、17時10分までには
43番ゲートに お越しください。
あまり 時間が ありませんので、お急ぎくださいませ。

(お客さま) はい、ありがとう。

締め切る	通路側	搭乗口	急ぐ

呼び出し案内

お客様に お呼び出しを 申し上げます。

ANA 862便にて 東京へ ご出発の 中村雅俊様、中村雅俊様、

お急ぎ 46番ゲートまで お越しくださいませ。

チェック・ポイント

1 ハブ空港(Hub airport)

航空機の離着陸回数が多く、規模の大きい空港.

世界の空港トップ10位	最も清潔な空港
1：チャンギ空港 (シンガポール)	1：羽田空港 (日本)
2：仁川国際空港 (韓国ソウル)	2：中部国際空港セントレア (日本)
3：羽田空港 (日本)	3：仁川国際空港 (韓国)
4：香港国際空港 (香港)	4：桃園空港 (台湾・台北)
5：ドーハ・ハマド空港 (カタール)	5：チャンギ空港 (シンガポール)
6：ミュンヘン空港 (ドイツ)	6：成田空港 (日本)
7：中部国際空港セントレア (日本)	7：香港国際空港 (香港)
8：ロンドン・ヒースロー空港 (英国)	8：チューリッヒ空港 (スイス)
9：チューリッヒ空港 (スイス)	9：ドーハ・ハマド空港 (カタール)
10：フランクフルト空港 (ドイツ)	10：ヘルシンキ空港 (フィンランド)

2 空港 (くうこう、英: Airport)

公共の用に供する飛行場のことである。
一般的な実態は主に旅客機・貨物機等の民間航空機の離着陸に
用いる飛行場内の施設である。その名のとおり、
海運における港のような機能をもつ施設であり、
空港という日本語自体が英語 Airport (空の港) の直訳である。

2009年時点でアメリカ中央情報局がまとめた報告によると、
「上空から確認できる空港あるいは飛行場」は、
全世界に約44000箇所あり、その内の15095箇所は米国内にあり、
米国が世界でもっとも多い。(ja.m.wikipedia.org)

漢字の練習ノート

し　き 締め切り	締め切り	締め切り	締め切り
とう じょう けん 搭乗券	搭乗券	搭乗券	搭乗券
ざ せき ばん ごう 座席番号	座席番号	座席番号	座席番号
つう ろ がわ 通路側	通路側	通路側	通路側
とうじょうぐち 搭乗口	搭乗口	搭乗口	搭乗口
こ 越す	越す	越す	越す
いそ 急ぐ	急ぐ	急ぐ	急ぐ
よ　だ 呼び出す	呼び出す	呼び出す	呼び出す
かん たん 簡単	簡単	簡単	簡単
じ こ しょう かい 自己紹介	自己紹介	自己紹介	自己紹介

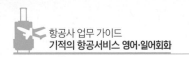

練習問題

1. 日本語に しなさい。

   (1) 도쿄로 가시는 분은 7번 탑승구로 와 주십시오.

   (2) 별로 시간이 없으니까 서둘러 주십시오.

   (3) 탑승수속을 하지 않으신 분은 안계십니까?

   (4) 탑승수속을 마감하겠습니다.

   (5) 좌석은 통로 측입니다.

2. 自由に 答えなさい。
   あなたの お国の 魅力について 話してください。

   ....

   ....

   ....

   ....

Chapter 03

In- Flight Service
객실 서비스

항공사 업무 가이드
기적의 항공서비스
영어·일어회화

Directing Seats 1, Directing Seats 2

Directing seats 1

🧑 Flight Attendant   🧑 Customer

🧑 Welcome aboard. May I see your boarding pass, please?

🧑 Here you are.

🧑 Alright. Your seat is at the back of the cabin. Go straight, please.

Directing seats 2

🧑 Flight Attendant   🧑 Customer

🧑 A : Excuse me, Someone is sitting on my seat.

🧑 Oh, I see. May I see your boarding pass, please?

🧑 A : 32 A. Here you are.

   (The flight attendant approaches to the customer sitting in 32A)

🧑 Excuse me, sir. May I see your boarding pass, please?

🧑 B : What for? Here you are.

🧑 Excuse me, sir. This is 32A. Your seat is 33A, just behind this row.
Would you move to your seat, please?

B : Oh, I'm so sorry. I will.

Thank you so much.

Vocabulary

- at the back of ~의 뒤쪽에
- what for 무엇을 위해서, 왜
- behind 뒤에
- row 줄, 열

More Expressions

■ **What you should do when seats are duplicated**

1. Tell this situation to your supervisor and a ground staff.

2. Then, they will check whose seat is assigned right.

3. Next, a ground staff will find a good place to sit for the one assigned wrongly.

4. There could be a situation that the one should be off-loaded from the flight if it is full.

5. And this process takes so long time to make the flight delayed, so you should inform this issue to the manager and a ground staff immediately, if happens.

6. If a person is off-loaded, the ground staff will check if he has a checked baggage and find it to off-load as well.

7. Finally, this passenger could be arranged to another flight or the company should offer an accommodation when the flight is not available on that day.

Prectice

1. Read and translate the steps and share the knowledge with your friend.

One Point Grammar

■ 분사 : 형용사와 같은 성격을 가지고 있는 동사의 부정형

1. 분사의 형태

1) 현재분사 동사 + ing : 능동의 의미를 지님

> ⓔⓧ I saw him entering the door.
>
> A boy studied singing.

2) 과거분사 동사의 pp 형태 : 수동의 의미를 지님

> ⓔⓧ I like the house painted blue.
>
> I saw the door closed.

2. 분사 구문 : 접속사와 동사의 역할을 같이 하며 다양한 부사절의 역할을 함.

1) 시간 : as, when, while, after 의 의미를 지님.

> ⓔⓧ Going to school, I met him = While I was going to school, I met him.
>
> Finishing the cleaning, I will go out. = After I finish the cleaning, I will go out.

2) 이유, 원인 : as, because, since 의 의미를 지님

> ⓔⓧ Having no money, I couldn't go on to university.
>
> = Because I had no money, I couldn't go on to university.

3) 조건- if 의 의미를 지님

> ⓔⓧ You would be better seeing a doctor.
>
> = You would be better if you should see a doctor

4) 양보 : though, whether ~or 의 의미를 지님

> ⓔⓧ Understanding why you did that, I still can't admit what you did.
> = Though I understand why you did that, I still can't admit what you did.

5) 부대상황 : 동시상황을 나타냄

> ⓔⓧ Talking on the phone, he was driving.
> = He was talking on the phone and he was driving.

6) 독립분사 구문 : 분사구문의 주어가 드러나 있음, 주절과 분사구문의 주어가 다르기 때문.

> ⓔⓧ My health permitting, I will keep doing marathon.
> = If my health permits, I will keep doing marathon.
> The fine dust being very bad, everyone should wear masks.
> = Because the fine dust is very bad, everyone should wear masks.

Comprehension Practice

A 다음의 빈 칸에 알맞은 단어를 넣어 문장을 완성하시오.

row	at the back of	behind	off- load
immediately	arrange	accommodation	assign

1. If he is late for the flight, the ground staff will
   _____ him.

2. Economy class is _____ the cabin.

3. Being an urgent issue, it should be informed the manager
   _____ .

4. They really like the _____ in Paris because they can
   see the Eiffle tower from it.

5. The boss will _____ him as a manager soon.

B 괄호 안의 말을 알맞게 배열하여 주어진 의미를 영어로 완성하시오.

1. 당신의 좌석은 뒷줄입니다. (behind / your seat / this row / is)

_____

2. 그는 그녀가 그림 그리고 있는 것을 보았다.
   (he / her / painting a picture / saw)

_____

3. 그녀는 일을 잘 하기 때문에 빨리 승진했다.
   (she / working / was promoted / very fast / very well)

_____

C 주어진 문장에 알맞은 답을 해보시오.

1. If a passenger is assigned a seat apart from his family, what would you do?

   _____

2. If a passenger asks a cup of water during busy boarding, how would you handle?

   _____

항공사 업무 가이드
기적의 항공서비스
영어·일어회화

客室狀況 1

座席案內 1,
座席案內 2

항공사 업무 가이드
기적의 항공서비스
영어·일어회화

座席案內 1

 乗務員　 お客様

 いらっしゃいませ。搭乗券を お見せください。

 どうぞ。

 はい、奥の方へ お進みください。

搭乗券(탑승권)	奥の方 (안쪽, 깊숙한 곳)	進む(진행하다)

座席案內 2

 乗務員　 お客様

 すみません。誰か 私の席に 座ってますよ。

 そうですか。搭乗券を 見せて いただけますか。

 32-Aですよ。どうぞ。(32-Aに座っているお客さまに行く)

 お客さま、搭乗券を 見せて いただけますか。

 どうしてですか?はい、これ。

 お客さま、ここは 32-Aです。
お客さまの お座席は 33-A、この 後ろですね。
移動して いただけますか。

 あ、それは すみません。わかった。

 ありがとうございます。

誰	～ていただける	後ろ	移動

チェック・ポイント

1 CABIN SERVICE FLOW

1) DOMESTIC

비행 전 업무	이륙 전 업무	이륙 후 업무	착륙 후 업무
출근 show up sign Briefing 준비 Cabin Briefing 보안검색	항공기 탑승 Cockpit Briefing Pre Flight CHK 승객탑승 Ground Service Door Close Slide Mode CHK Welcome 인사 Safety Demo 이륙준비	Fasten Seat Belt Sign Off Beverage SVC Walk Around 착륙준비	Farewell 방송 Slide Mode CHK Door Open 승객하기 After Landing CHK Debriefing

2) INTERNATIONAL

비행 전 업무	이륙 전 업무	이륙 후 업무	착륙 후 업무
출근 show up sign Briefing 준비 Cabin Briefing C.I.Q.	항공기 탑승 Cockpit Briefing Pre Flight CHK 승객탑승 Ground Service Door Close Slide Mode CHK Welcome 인사 Safety Demo 이륙준비	Fasten Seat Belt Sign Off Galley Briefing F & B SVC Duty Free Sales Entry Document SVC In Flight Movie Walk Around 착륙준비	Farewell 방송 Slide Mode CHK Door Open 승객하기 After Landing CHK Debriefing

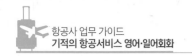
≡ 漢字の練習ノート

きゃく しつ			
客室	客室	客室	客室
み			
見せる	見せる	見せる	見せる
おく ほう			
奥の方	奥の方	奥の方	奥の方
すす			
進む	進む	進む	進む
だれ			
誰	誰	誰	誰
うし			
後ろ	後ろ	後ろ	後ろ
い どう			
移動	移動	移動	移動
せき			
席	席	席	席
こく ない せん			
国内線	国内線	国内線	国内線
こく さい せん			
国際線	国際線	国際線	国際線

練習問題

1. 日本語に しなさい。

(1) 안쪽으로 들어가 주세요.

(2) 탑승권을 보여 주십시오.

(3) 이동해 주시겠습니까?

(4) 누가 내 자리에 앉아 있어요.

(5) 손님의 좌석은 이 뒤입니다.

(6) 왜지요?

2. 自由に 答えなさい。
海外旅行を したことが ありますか。

Preparing for Take-off 1,
Preparing for Take-off 2

Preparing For Take-Off 1

Announcement :

Ladies and Gentlemen,

This is Korean Air flight _____ bound for _____ .

For your comfort and safety, please put your carry-on baggage in the overhead bins or under the seat in front of you.

When you open the overhead bins, please be careful as the contents may fall out.

Thank you.

 Flight attendant   Customer

👨 Excuse me, sir. Is this your bag?

👩 Yes.

👨 I'm so sorry but you should put your bags in the overhead bin or under the seat.

Preparing For Take-Off 2

Announcement:

Ladies and Gentlemen,

We are now ready to leave.

Please fasten your seat belt and return the tray table and your seat back to the upright position. Also, please turn off all cellular phones for your safety. Thank you.

 Flight attendant   Customer

Excuse me, sir. We are going to take off shortly. Please fasten your seatbelt, your seat back should be in the upright position and tray table should be closed.

Ok.

Vocabulary

- comfort 편안함
- carry-on baggage 들고 가는 짐
- overhead bin 의자 위 선반
- content 내용, 내용물
- fall 떨어지다
- be ready to ~할 준비가 되다
- fasten 매다, 채우다
- tray table 좌석 앞의 테이블
- shortly 곧 (= soon)
- upright 똑바른, 꼿꼿한, 곧은, 수직으로 세워 둔
- cellular phone 핸드폰

More Expressions

■ Safety Video

- Qatar Airways A380 Safety Demonstration Video -

Welcome aboard this Qatar Airways flight. Please pay attention as we demonstrate the safety features of this aircraft.

For your comfort and safety, we operate a non-smoking policy onboard all our aircraft. Smoking in the toilet will activate a smoke alarm, and tampering with the smoke detector is a criminal offence.

The exits and walkways must be kept clear of baggage at all times. Baggage should be securely stowed in the overhead compartments, or under the seat in front of you.

For safety reasons, with the exception of hand-held PED's in Flight Mode, the use of electronic devices is not permitted for take-off and landing. These devices must remain switched off until you are advised by your cabin crew.

Please fasten your seat belt for take-off and landing, and whenever the seat belt sign is illuminated. To unfasten, lift the flap and pull the ends apart. If you plan to sleep during the flight, please make sure your seatbelt is fastened, and visible to cabin crew.

The cabin environment is carefully controlled. If oxygen is required, masks will appear from above you or you may be required to release the mask by pulling on the colored flag marked PULL. Pulling the mask towards you will activate the oxygen supply. Place the mask over your nose and mouth, adjust the band to secure it and breathe normally. When your mask is fitted correctly, you may assist others.

In the unlikely event of an emergency landing, please adopt the brace position as shown on the screen. Your life jacket is either beside or underneath your seat. When instructed by the crew, remove it from its container and pull it over your head. Bring the tape around your waist and fasten in front, pulling firmly to secure. Only inflate your life jacket when you are leaving the aircraft by pulling the two red toggles sharply downwards. You can also inflate or top-up the life jacket by blowing into the mouthpiece. The life jacket has a whistle to attract attention and a light that will automatically illuminate when in water. Infant life jacket will be distributed by the cabin crew.

Please take a moment to locate the emergency exit nearest to your seat. The emergency exits are clearly marked and are located as shown on the screen. Escape path lighting will guide you to the emergency exits. In case of emergency landing on water, the evacuation slides will serve as rafts. Please remember to remove footwear before using the slide.

To remind yourself of the safety aspects of this aircraft, please read the safety card which is in your seat pocket and if you have any questions, our cabin crew will be happy to help. To help the cabin crew with final preparations for take-off, please ensure your seat is in the fully upright position, your window blind is open, your tray table is folded away, and your seatbelt is fastened. Thank you for your attention and enjoy your flight with Qatar Airways.

Vocabulary

- aboard 탑승한
- pay attention 집중하다
- demonstrate (작동이나 사용법을) 보여주다, (행동으로)보여주다, (증거를 들어) 입증하다
  (cf. demonstration 시위, 데모, 설명, 실정, 입증)
- feature 특징
- operate 운영되다, 작동하다, 가동하다, 운용되다, 가동 시키다,
- policy 정책
- onboard 기내에
- activate 작동시키다, 활성화시키다

- tamper with 손대다, 함부로 변경하다, 참견하다, 간섭하다
- criminal 범죄의, 죄악이 되는, 범인, 범죄자
- offence 위법 행위, 범죄, 화나게(불쾌하게)하는 행위, 모욕
- at all times 항상
- securely 단단히, 안전하게, 튼튼하게
  (cf. secure 안심하는, 안전한, 확실한, 획득하다, 확보하다, 단단하게 고정하다)
- stow 집어넣다
- exception 예외 (cf. except 제외하고는, ~외에는)
- hand-held 손에 들고 쓰는
- PED = Personal Electronic Device 개인 전자 기기
- permit 허용하다. 허락하다, 가능하게 하다
- remain 남아 있다
- fasten 매다, 채우다, 잠그다
- illuminate 비추다, 밝히다
- lift 들어 올리다, 올라가다
- flap 덮개
- apart 떨어져, 따로
- visible 보이는, 알아볼 수 있는, 가시적인, 뚜렷한
- require 필요하다, 요구하다
- oxygen 산소
- appear 나타나다, 보이기 시작하다, 생기다, 발생하다
- release 풀어주다
- supply 공급, 공급하다
- place 놓다, 장소
- adjust 조정하다, 조절하다
- breathe 숨 쉬다 (cf. breath 숨)
- fit 맞다, 끼우다, 맞추다, 어울리다, 적합하다
- in the event of ~의 경우에
- unlikely ~할 것 같지 않은, 있음직하지 않은, 예상 밖의, 믿기 힘든
- adopt 택하다, 취하다, 쓰다, 입양하다
- brace position 충격방지자세 (cf. brace 버팀대, 죔쇠, 대비하다, 교정기)
- life jacket 구명조끼
- either A or B A 또는 B
- underneath 밑에
- instruct 지시하다, 가르치다, 알려 주다, 전하다
- remove 제거하다

- waist 허리
- firmly 단호히, 확고히, 꽉
- inflate 부풀리다, 부풀다, 과장하다 올리다, 오르다
- toggle 짤막한 막대 모양의 단추, on/off 키 처럼 두 상태 중 선택하는 키
- top-up 가득 채우다, ~을 보충하다, ~의 양을 늘리다, 다시 채움
- blow 불다, 날리다, 날려 보내다
- mouthpiece 송화구, 입을 대는 부분, 대변자
- whistle 호각, 호루라기, 휘파람을 불다, 휘파람 소리를 내다
- attract 끌다,
- infant 2살 미만 아기
- distribute 나누어 주다. 분배(배부)하다, 유통시키다
- locate 장소, 두다, 설치하다, ~의 정확한 위치를 찾아내다
- mark 표시하다
- escape path lighting 비상구 유도등 (**cf.** escape 탈출하다, 벗어나다, 탈출, 도피, 모면/ path 길/ lighting 조명) guide 안내하여 데려가다, 안내
- in case of ~의 경우에는
- evacuation slide 대피 슬라이드
- serve 제공하다
- raft 뗏목, 래프트, 고무 보트
- remember to ~할 것을 기억하다 (**cf.** remember ~ing ~했던 것을 기억하다)
- footwear 신발
- remind A of B A에게 B를 상기시키다
- aspect 측면, 양상, 방향
- ensure 보장하다, 반드시~하게하다
- upright 똑바른
- window blind 창문 커버
- fold 접다

One Point Grammar

■ 조동사 may, might

1. 허가

ex You may go out for lunch now.

"May I ask your name?"

- "Yes, you may."

- "No, you may not." (불허)/ (cf. "No, you must not." (금지))

cf) 현재가 아닌 다른 시제의 허가는 may가 아닌 **be allowed to/ be permitted to**로

ex We were allowed to sit here on the VIP seats.

They will be allowed to watch it soon.

2. 가능성

ex 현재 : may/ might – It may(might) be rainy outside.

미래 : may/ might – It may(might) be rainy tonight.

과거 : may have pp – It may have been rainy that night.

3. 능력 = can (숙어, 고어, 시어에 쓰임)

ex Try as best you may.

4. 기원, 희망

ex May you be happy forever.

May he rest in peace.

5. may/ might의 관용표현

ex 1) may(might well) ~하는 것이 당연하다

She might well win the award.

ex 2) may(might) as well... (as not) = had better ~하는 편이 좋겠다

You may as well stay in this room.

ex 3) may as well A as B   B 하는 것과 같이 A 하는 것이 좋다(긍정)

You may as well come to school as come to a festival.

cf) might as well A as B B 하는 것은 A하는 것과 같다 (부정)

You might as well be talking to the wall as talking to him.

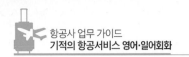

Comprehension Practice

A 다음의 빈 칸에 알맞은 단어를 넣어 문장을 완성하시오.

may	might	ensure	attract
top up	in the event of	instruct	blow

1. Please _____ that your electronic devices are turned off.

2. I _____ have paid the fee already.

3. _____ an emergency, you should call me, then I'll come right away.

4. I want to _____ some more drink.

5. He will _____ the new employees at the training session.

B 괄호 안의 말을 알맞게 배열하여 주어진 의미를 영어로 완성하시오.

1. 그는 중국으로 가는 것이 더 낫겠다. (he/ to China/ leave/ well/ might/ as)

_____

2. 비상구와 통로는 항상 짐 없이 비워져 있어야만 한다.

(clear of baggage/ be kept/ the exits and walkways/ at all times/ must)

_____

3. 이착륙 시와 좌석벨트 사인이 켜져 있을 때면 안전벨트를 매주세요.

(whenever/ please fasten/ is illuminated/ your seat belt/ for take-off and

landing/ and/ the seat belt sign)

_____

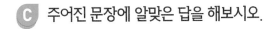 주어진 문장에 알맞은 답을 해보시오.

1. What would you do if a passenger wants to go to the lavatory just before take off?

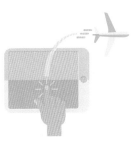

離陸準備 I,
離陸準備 II

항공사 업무 가이드
기적의 항공서비스
영어·일어회화

みなさま

この飛行機は、（　　　　）びん（　　　　）ゆきでございます。

當機は、　まもなく　　出 発　いたします。

お手荷物は、上のたな　または、お座席の　下に　お入れくださいませ。

また　お座席の べるとを おしめくださいませ。

離陸準備 1

 乗務員　　　 お客様

 これ、お客様の お荷物ですか。

 ええ、そうですけど。

 おそれいりますが、お手荷物は 上の たな、
　　または お座席の 下に お入れください。

皆様、この飛行機はまもなく出発いたします。どうぞシートベルトをおしめ
になり、お座席とテーブルはもとの位置におもどしくださいませ。
なお携帯電話は飛行計器に影響をあたえますので常時お使いになれま
せん。

離陸準備 2

 乗務員 　　お客様

お客様、まもなく 離陸します。

シート ベルトを おしめ ください。

お座席と テーブルを　もとの 位置に おもどし ください。

は〜い。

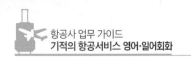

チェック・ポイント

1 機内安全のご案内
(き ないあんぜん あんない)

ご搭乗 ありがとうございます。
(とうじょう)

皆様に 客室内の 安全に ついて ご案内いたします。
(みなさま きゃくしつない あんぜん あんない)

離着陸時、ならびに、ご着席の 間は 座席ベルトを しっかり おしめください。
(り ちゃくりくじ ちゃくせき あいだ ざ せき)

携帯電話、電子機器は、離着陸時 および
(けいたいでんわ でんしきき りちゃくりくじ)

地上 滞在中は 電源を お切りください。
(ち じょうたいざいちゅう でんげん き)

客室内に 酸素が 必要な 状態に なりますと、 酸素マスクが 降りて きます。
(きゃくしつない さんそ ひつよう じょうたい さんそ お)

マスクを 顔に 強く 引き寄せ、ゴム紐を 頭に かけて お使いください。
(かお つよ ひ よ ひも あたま つか)

救命衣は 座席の 下に あります。
(きゅうめいい ざ せき した)

前の 引き手を 強く 引くと 膨らみます。
(まえ ひ て つよ ひ ふく)

膨らみが 足りない ときは 両側の ゴム官を 吹いて ください。
(ふく た りょうがわ かん ふ)

非常口は 機体の 前方、中央、後方と 二階 客室に あります。
(ひじょうぐち きたい ぜんぽう ちゅうおう こうほう に かい きゃくしつ)

両腕を 前に 伸ばし、スライドを すべります。
(りょううで まえ の)

立ち上がり、すぐに 飛行機から はなれて ください。
(た あ ひこうき)

ご質問が ございましたら、私ともに おたずねください。
(しつもん わたくし)

それでは 快適な 空の 旅を お楽しみ ください。
(かいてき そら たび たの)

2 Critical 11

항공기 이륙 3분간과 착륙 8분간이 항공기 사고의 78%를 차지하는 가장 위험한 순간을 말한다.

3 30 Seconds Review

객실 승무원은 이착륙 시 'Critical 11' 안에 해당하는 이륙 직전과 착륙 직전의 각각 30초씩 발생 가능한 비상사태를 가상하며 자신이 취할 행동을 머릿속으로 되새기는 '침묵의 30초(STS : Silence 30 Seconds)'를 말한다.

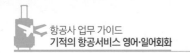
💬 漢字の練習ノート

りりく			
離陸	離陸	離陸	離陸

じゅんび			
準備	準備	準備	準備

きない			
機内	機内	機内	機内

い			
入れる	入れる	入れる	入れる

いち			
位置	位置	位置	位置

あんぜん			
安全	安全	安全	安全

じぶん			
自分	自分	自分	自分

せいちょう			
成長	成長	成長	成長

えいきょう			
影響	影響	影響	影響

あた			
与える	与える	与える	与える

練習問題

1. 日本語にしなさい。

    (1) 손님의 짐이십니까?

    (2) 짐은 좌석 아래에 넣어 주십시오.

    (3) 잠시 후 이륙하겠습니다.

    (4) 벨트를 매 주십시오.

    (5) 테이블은 원래 위치로 돌려놓아 주십시오.

2. 自由に答えなさい。
   あなたの大学について話してください。

객실상황 3

In-flight Service 1,
In-flight Service 2,
In-flight Service 3

항공사 업무 가이드
기적의 항공서비스
영어·일어회화

In-flight Service 1

Announcement:

Ladies and Gentlemen,

We are pleased to announce that we will be serving Beaujolais Nouveau today.

We hope your enjoy your meal. Thank you.

 Flight attendant   Customer

Excuse me, sir. Would you like some drinks? We have some beer, cocktail, juice and so on.

I'll have a mango juice.

I'm so sorry, but we don't have a mango juice. Instead, can I offer some pineapple juice?

Yes, please.

In-flight Service 2

Announcement:

Ladies and Gentlemen,

We will be landing at airport in about _____ hours and _____ minutes.

Soft drinks and a snack (breakfast) will be served in a few minutes.

Thank you.

👤 Flight attendant 👤 Customer

👤 Excuse me, sir. Do you mind opening the table. Here is your Bibimbab.

👤 Yes, thank you. How do I eat this?

👤 Oh, put this rice, sesame oil and pepper paste in this bowl, and mix all together and try. Enjoy your meal.

In-flight Service 3

👤 Flight attendant 👤 Customer

👤 Sir, Here is your meal.

👤 I don't want to have it. I don't feel hungry.

👤 The meal is not served later, Is it alright?

👤 It's ok. I'm not going to have it.

💬 **Vocabulary**

- instead 대신
- in + 시간 ~후에
- land 도착하다
- sesame 참깨 (**cf.** perilla 들깨)
- pepper paste 고추장

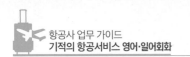

■ 주문 시

• order : 주문하다 = make an order = place an order

　　　cf) take an order 주문을 받다

Are you ready to order?

May I take an order?

Can I take an order?

Let me take an order.

■ Drink Service 시 필요한 용어

• Drink 의 종류 : still water / sparkling water, soda, liquor, tea and coffee

• Would you like some coffee? = Would you care for some coffee?

• How would you like your coffee?

I'd like some coffee with milk and sugar, please.

■ Meal Service 시 필요한 용어

• Meal service 순서

Appetizer – Entree – Dessert

• Meal의 종류

1) **Breakfast** : Continental breakfast / American breakfast

달걀 요리의 종류 :

Boiled eggs – Hard / Soft boiled egg

Fried Eggs – Over easy / Over hard / Sunny side up

Poached eggs

Scrambled eggs

Omelette

2) Lunch : Pasta / Salad

3) Dinner : Steak

Steak 굽기의 정도 :

Well done > Medium well > Medium > Medium rare > rare

How would you like your steak?

■ 맛을 나타내는 표현들

spicy / mild   sweet (sugary) / bitter

oily (greasy, cheesy) / plain (simple)

rich / mild

salty / bland

weak / strong

over cooked / under cooked

■ 맛에 대한 불만 표시 표현

· It is too ~. It is supposed to be ~

　ex This soup is too salty. It is supposed to be bland.

■ 항공사 Special Meal

CODE	NAME	CODE	NAME
BLML	Bland Meal	DBML	Diabetic Meal
GFML	Gluten-free Meal	HFML	High Fiber Meal
LCML	Low Calorie Meal	LFML	Low Fat Meal
LPML	Low Protein Meal	LSML	Low Sodium Meal
NLML	No Lactose Meal	PRML	Low Purine Meal
AVML	Asian Vegetarian Meal	VGML	Vegan Vegetarian Meal
VLML	Lacto-ovo Vegetarian Meal	RVML	Raw Vegetarian Meal
HNML	Hindu Meal	KSML	Kosher Meal
MOML	Moslem Meal	BBML	Baby Meal
CHML	Child Meal	FPML	Fruit platter Meal
SPML	Macrobiotic Meal(건강식)	SFML	Seafood Meal
IFML	Infant Meal	NOSM	No Special Meal

One Point Grammar

■ mind : "~을 꺼리다"의 뜻, 정중하게 상대방에게 부탁하거나 허가를 받을 때 사용

- 부탁 : Do you mind ~ing ?   ~해주시겠어요?
  - ex Do you mind moving this chair?
    - 긍정 No, I don't. / Go ahead./ No, I don't mind
    - 부정 Yes, I do.

- 허가 : Do you mind if S + V ? ~해도 되겠습니까?
  - ex Do you mind if I move this chair?
    - 긍정 No, I don't/ I don't mind
    - 부정 Yes, I do.

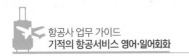
Comprehension Practice

A 다음의 빈 칸에 알맞은 단어를 넣어 문장을 완성하시오.

be supposed to	mind	if	instead
bitter	rare	bland	entree

1. He _____ be in Paris now. It is strange that he is here.

2. Would you _____ cleaning this area, please?

3. Now we are serving _____. We have streak and Salmon fillet.

4. This medicine is too _____.

5. Do you mind _____ I buy the red car?

B 괄호 안의 말을 알맞게 배열하여 주어진 의미를 영어로 완성하시오.

1. 제 커피가 너무 강합니다. 원래는 약해야 합니다.

   (too / be supposed to / my coffee / strong / weak / it / is)

   _____

2. 제가 해산물 요리를 드려도 되겠습니까?

   (mind / do / if / the seafood meal / offer / you / I)

   _____

3. 스테이크는 어떻게 해드릴 까요? (like / would / steak / how / you / your)

   _____

C 주어진 문장에 알맞은 답을 해보시오.

1. Explain us about MOML.

2. Explain how to make fired rice.

機内サービスⅠ,
機内サービスⅡ

皆様、本日はボジョレーヌーボーワインをサービスいたしますので、
どうぞおためしくださいませ。

機内サービス 1

 乗務員　　お客様

🧑 お客さま、おのみものは いかがでしょうか。
ビール、カクテル、ジュースなどが ございます。

👩 マンゴ ジュース ください。

🧑 もうしわけございません。マンゴ ジュースは のせて おりませんが、
代_{かわ}わりに パイナップル ジュースは いかがでしょうか。

👩 ええ、ください。

皆様にご案内いたします。この飛行機はこれより約 ＿＿＿ 時間 ＿＿＿ 分後に ＿＿＿ 空港に到着いたします。まもなくお飲み物と軽いお食事をサービスいたします。

機内サービス 2

🧑 乗務員　🧑 お客様

🧑 お客さま、お食事_{しょくじ}です。テーブルを あけて ください。どうぞ、ビビンバ です。

🧑 はい、ありがとう。これ、どうやって 食べるんですか。

🧑 はい、ボールに ごはんと ごまあぶら、こちゅうじゃんを いれて、まぜて、おめしあがりください。どうぞ、ごゆっくり。

機内サービス 3

🧑 乗務員　🧑 お客様

🧑 お客さま、お食事です。

🧑 私は いらない。おなか すいてないから、けっこうです。

🧑 お食事は 後_{あと}では サービス できないんですけど, よろしいでしょうか。

🧑 いいですよ。いらない。

🧑 かしこまりました。

チェック・ポイント

1 항공사의 기내식

대형항공사에서는 전통 한식을 비롯한 다양한 메뉴를 서비스 하고 있다. 비빔밥, 비빔국수, 곤드레 밥, 버섯 밥, 낙지덮밥 등 다양한 한식을 기본으로 제공하고 있으며, 여행 목적지를 감안해 양식, 중식, 일식 등도 함께 서비스하고 있다.

또한 건강(각종 질병 및 특정 식품에 대한 알레르기 등), 종교, 연령 등의 이유로 정규 기내식을 드시지 못하는 승객을 위해, 요청에 따라 다양한 특별 기내식을 제공하고 있다. 항공기 출발 24시간 전까지 서비스센터로 주문할 수 있다.

CODE	NAME	CODE	NAME
BLML	Bland Meal	DBML	Diabetic Meal
GFML	Gluten-free Meal	HFML	High Fiber Meal
LCML	Low Calorie Meal	LFML	Low Fat Meal
LPML	Low Protein Meal	LSML	Low Sodium Meal
NLML	No Lactose Meal	PRML	Low Purine Meal
AVML	Asian Vegetarian Meal	VGML	Vegan Vegetarian Meal
VLML	Lacto-ovo Vegetarian Meal	RVML	Raw Vegetarian Meal
HNML	Hindu Meal	KSML	Kosher Meal
MOML	Moslem Meal	BBML	Baby Meal
CHML	Child Meal	FPML	Fruit platter Meal
SPML	Macrobiotic Meal(건강식)	SFML	Seafood Meal
IFML	Infant Meal	NOSM	No Special Meal
NOCM	유소아식 미신청할 경우	BSCT	BASSINET

2 いがかですか。(어떠십니까?, 하시겠습니까?)

'いがかですか'는 매우 편리한 서비스 용어이다.

무엇이든 대상의 단어를 말하고 'いがかですか'를 붙이면,

'~어떠십니까?', '~드시겠습니까?', '~하시겠습니까?' 등에 사용할 수 있다.

1) お食事はいがかですか。

2) おのみものはいがかですか。

3) 映画はいがかですか。

4) ワインはいがかですか。

5) おかわりはいがかですか。

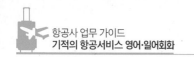
漢字の練習ノート

の　　もの 飲み物	飲み物	飲み物	飲み物
しょく じ 食事	食事	食事	食事
あか 赤	赤	赤	赤
しろ 白	白	白	白
なに 何に	何に	何に	何に
えい が 映画	映画	映画	映画
き ない 機内	機内	機内	機内
たから 宝くじ	宝くじ	宝くじ	宝くじ
あ 当たる	当たる	当たる	当たる
つか 使う	使う	使う	使う

練習問題

1. 日本語にしなさい。

   (1) 음료는 무엇으로 하시겠습니까?

   (2) 맥주 세 병 주세요.

   (3) 식사 하시겠습니까?

   (4) 레드와인과 화이트와인이 있습니다.

   (5) 한 잔 더 하시겠습니까?

2. 自由に答えなさい。
   十年後の あなたは 何を していると 思いますか。

객실상황 4

Duty Free Sales 1,
Duty Free Sales 2

항공사 업무 가이드
기적의 항공서비스
영어·일어회화

Announcement:

Ladies and gentlemen, in a few minutes, we'll begin our duty free sales. If you'd like to purchase any items, please let us know as the duty free sales cart passes by your seat. We'd like to remind you that the duty free allowance for the United States is one bottle of liquor and one carton of cigarettes. For more information, please refer to the in-flight shopping magazine in your seat pocket. If you need any assistance, our cabin crew is happy to help you. Thank you.

Duty Free Sales 1

 Flight attendant Customer

We are serving duty free sales. Would you like some duty free items?

I want 2 bottles of Jonny Walker, please.

I'm sorry, I'm afraid it is sold out. How about Remy Martin, instead?

Ok. I'll have two, please.

Certainly, sir.

Duty Free Sales 2

 Flight attendant   Customer

Sir, you wanted 1 bottle of Bulgari? It is 62 dollars.

Yes. Here is a 100 dollar note.

Ok, I got 100 dollars. Here is your 32 dollar change.

Thank you.

Vocabulary

- duty free 면세
- purchase 구매하다, 사다
- as ~때
- by 옆에
- remind 상기시키다
- allowance 허용량, 용돈, 비용
- liquor 술, 독주
- carton 갑, 상자
- for more information 더 많은 정보를 원하시면
- refer to ~을 참조하다
- assistance 도움 (**cf.** assistant 비서)
- sold out 품절된
- note 지폐
- change 잔돈

More Expressions

■ 가격을 지불할 때

• How would you like to pay?

  We accept the credit card and cash. / You can pay by cash or credit card.

• Can I pay in cash? Or By credit card?

  Actually I have some Thai Baht. Do you take it?

■ Currency

Country	Currency
Korea	Korean Won
U.S.A	U.S. Dollar
England	British Pound
European Union	Euro
China	Chinese Yuan
Japan	Japanese Yen
Thailand	Thai Baht
The Philippines	Peso
U.A.E	Dirham

■ Money Exchange 관련

• What is the exchange rate for US dollar to Korean Won?
• I'd like to change 300 dollars into Korean Won.

■ Refund 관련

• Can I get a refund on these cosmetics? I bought them on the airport duty free.
• I'm sorry. I'm afraid I can't give a refund on them. You can get a refund on an item purchased during the flight.

One Point Grammar

■ 물질 명사의 양 표시

1. 단위를 사용

a bottle of whisky   a cup of coffee

a glass of water   a piece of paper

a cake of soap   a fill of tobacco for a pipe

2. some/ any/ much/ little + 물질명사   약간/ 많이/ 조금

ⓔⓧ He has some money in his pocket.

Is there any milk in the bottle?

There is much chalk in the classroom.

We have little ink in the copy machine.

■ 보통명사처럼 쓰일 때

1. 제품을 나타내는 단어

ⓔⓧ I have to wear a pair of glasses these days. -보통명사

Glass breaks easily. - 물질명사

I read the papers this morning. - 보통 명사

Paper is used all over the world. - 물질명사

2. 종류를 나타내는 단어

ⓔⓧ Various Kinds of wines are available on this flight. - 보통명사

Do you like wine? - 물질명사

Iron is a useful metal. - 보통명사

This is made of metal – 물질명사

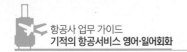

3. 개체를 나타내는 단어

ex He is playing with a stone. - 보통명사
This made of stone – 물질명사

4. 사건을 나타내는 단어

ex There was a big fire in Australia. - 보통명사
Fire is very useful for all mankind – 물질명사

Comprehension Practice

A 다음의 빈 칸에 알맞은 단어를 넣어 문장을 완성하시오.

carton	get a refund	accept	remind
liquor	note	change	sold out

1. He has to quit smoking. He smokes a _____ of cigarette a day.

2. Here is $20. I need a $4.50 _____.

3. I bought this shirt yesterday but I didn't like the color when I saw this at home. So can I _____?

4. The red one is _____. Instead, what about this blue one?

5. Do you _____ Euro?

B 괄호 안의 말을 알맞게 배열하여 주어진 의미를 영어로 완성하시오.

1. 저는 300달러를 한화로 바꾸고 싶습니다.

   (to/ exchange/ I/ want/ Korean Won/ into/ 300 dollars)

   _____

2. 너는 현금이나 신용카드로 지불 할 수 있다.

   (in / can / you / cash / or / by / credit card / pay)

   _____

3. 좌석 주머니에 있는 기내 판매 잡지를 참고 하세요.

   (the in-flight shopping magazine / please / in your seat pocket / refer to)

   _____

C 주어진 문장에 알맞은 답을 해보시오.

1. What kinds of duty free items have you bought?

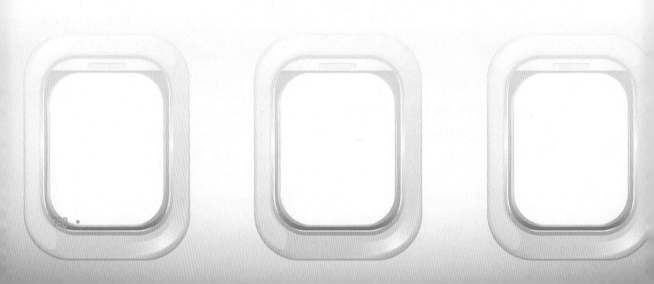

항공사 업무 가이드
기적의 항공서비스
영어·일어회화

機內販賣, 入國書類

ご案内いたします。ただいまより免税品の販売をいたします。

ご希望のお客様は販売カートがまいりました際、 担当乗務員にお知らせ

ください。 なお、アメリカの税関の規定により、 免税品の販売はござい

ません。

どうぞご了承ください。

機内販売 1

 乗務員　　 お客様

 機内販売です。免税品は いかがでしょうか。

 ジョニグロ 2本 ください。

 すみません。ジョニグロは 全部 でて しまいました。
レミーマーティンは いかがでしょうか。

 じゃ、それを 2本 ちょうだい。

 はい、わかりました。

機内販売 2

😊 お客さま、ブルガリ ひとつですね。62ドルです。

👤 はい、100ドル。

😊 100ドル いただきました。38ドルの お返しです。どうぞ。

👤 ありがとう。

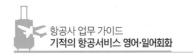

チェック・ポイント

1 기내 면세 주문방법

1) 기내 구매 : 기내에 비치된 SKYSHOP 카탈로그를 참고해 탑승 편 기내에서 승무원으로부터 상품 구매 및 수령을 할 수 있다.

2) 사전 구매 : 여행 전, 인터넷(Skyshop), 전화, FAX, 사전주문서 등을 통해 면세품을 미리 주문하고 해당 편 기내에서 주문서 확인 후 상품을 구매, 수령.

3) 면세 허용량 : 국가별로 상이하기 때문에 입국 국가별 면세 허용량 참고.

4) 기내 결제 수단 : 총 5종류의 화폐와 수표, 여행자 수표 및 신용 카드사용가능. 한국 원(₩), 미국 달러($), 일본 엔(¥), 유럽 유로(€), 중국 위안(¥)

5) 신용카드 : 한 카드당 USD 1,500 (또는 이에 준하는 원화 금액) 한도 내 구입, 국내 발행 카드로 5 만원 이상 구입 시, 2~~12개월 할부 결제 가능, 국내 전용 카드는 원화로만 결제 가능, 사용불가 카드는 비자일렉트론, 직불카드, 체크카드, 타인 명의 카드

2 お+ます型+の+名詞와 ご+漢字+の+名詞의 경어표현

동사인 경우에는 ます型 앞에 お, 뒤에 の+名詞를 붙여서 사용하며, 한자말인 경우에는 한자말 앞에 ご, 뒤에 の+名詞를 붙이면 된다.

- お降りの際は(내리실 때는)、
- お休みの際は(쉬실 때는, 주무실 때는)、
- お帰りの便(돌아오시는 편, 귀국 편)、
- お座席におつきの際は(앉아계실 때는)、
- お越しの方は(오시는 분은, 가시는 분은)、
- 植物をお持ちのお客様は(식물을 자기고 계시는 손님은)、
- お乗りのお客様は(탑승하시는 손님은)、
- ご用の際は(볼일이 있으실 때에는)、
- ご希望のお客様は(희망하시는 손님께서는)、
- ご旅行のお客様は(여행하시는 손님께서는)

漢字の練習ノート

めん ぜい ひん 免税品	免税品	免税品	免税品
さけ お酒	お酒	お酒	お酒
こう すい 香水	香水	香水	香水
け しょう ひん 化粧品	化粧品	化粧品	化粧品
にゅう こく 入国	入国	入国	入国
しょ るい 書類	書類	書類	書類
はんばい 販売	販売	販売	販売
ちゅうもん 注文	注文	注文	注文
き ぼう 希望	希望	希望	希望
しょくぶつ 植物	植物	植物	植物

練習問題

1. 日本語にしなさい。

   ⑴ 면세품에는 뭐가 있나요?

   ⑵ 조니 워커는 다 떨어졌습니다.

   ⑶ 350불 받았습니다.

   ⑷ 44불 거스름돈입니다.

   ⑸ 레미 마틴은 어떠십니까?

2. 自由に答えなさい。
   どんな料理が できますか。

항공사 업무 가이드
기적의 항공서비스
영어·일어회화

객실상황 5

Sick Passenger 1,
Sick Passenger 2

항공사 업무 가이드
기적의 항공서비스
영어·일어회화

Sick passenger 1

Flight attendant   Customer

Sorry, but I have a stomachache.

Do you need some digestive medicine?

Yes, please.

I'll get it for you shortly.
Sir, here you are. If your condition doesn't get better, please let us know. I hope you feel better soon.

Sick passenger 2

Flight attendant   Customer

Sir, How is your headache?

Yes. Much better. Thank you.

That's good to hear. If you need anything else, let us know anytime.

Thank you.

Not at all.

Vocabulary

- stomachache 복통
- digestive 소화의
- shortly 바로, 금방
- get + 비교급 더 ~해지다
- headache 두통

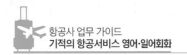
More Expressions

■ Kinds of Sickness

headache	두통
stomachache	복통
toothache	치통
backache	요통
diarrhea	설사
sore throat	목감기 통증
allergy (be allergic to)	알레르기
asthma	천식
diabetes	당뇨
appendix	맹장
stroke	뇌졸증
fracture	골절
burn	화상
bleeding	출혈
heart attack	심장 마비

■ Cardiac Arrest 시 승객 Handling 순서

CPR 심폐소생술 : Cardio Pulmonary Resuscitation

D : Check Dangerous things around the sick passenger.

A : Open Airways.

B : Check his Breath as listen, look and feel .

C : Do Compression. CPR

■ Medicine

- 알약 – tablet , pill
- 물약 – syrup
- 연고 – ointment

One Point Grammar

■ 비교급

1. 규칙 비교급 만들기

	규칙	원급	비교급
1	형용사 + er	great high	greater higher
2	단모음 + 단자음 – 마지막 자음 + er	big hotter	bigger hotter
3	자음 + y – y를 i 로 바꾸고 + er	busy easy	busier easier
4	3음절 이상 및 대부분의 2음절 형용사 more + 원급	active useful	more active more useful

2. 서술형일 때는 –er을 붙이는 형용사도 more를 사용한다.

ⓔⓧ He is more kind than intelligent.

3. ~보다 라는 비교를 할때는 than 을 쓴다.

ⓔⓧ She is more beatiful than her mother.

He is taller than his mother now.

4. '훨씬 더' 라는 의미로 비교급을 꾸며줄 때는

much / far / by far / still / yet / a great deal + 비교급

ⓔⓧ She is much more beautiful than her mother.

He is far taller than his mother now.

5. the 비교급 ..... the 비교급 : 더 ~할수록 더 ~하다.

ⓔⓧ the more, the better.

6. get + 비교급 : 더 ~해 지다.

ⓔⓧ I got better now.

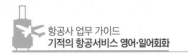

Comprehension Practice

A 다음의 빈 칸에 알맞은 단어를 넣어 문장을 완성하시오.

still	sore throat	ointment	shortly
get	asthma	be allergic to	more

1. I can't breathe suddenly. Actually I have _____ .

2. I'll come back with some medicine _____ .

3. I hope you _____ better soon.

4. He _____ nuts, so he can't eat nuts.

5. He is _____ intelligent than before.

B 괄호 안의 말을 알맞게 배열하여 주어진 의미를 영어로 완성하시오.

1. 다른 무언가가 필요하시다면, 언제든지 우리에게 알려주세요.
(know / us / you / anything / If / else / need / let / anytime)

_____

2. 소화제가 필요하십니까? (need / do / digestive medicine / you / some)

_____

3. 더 빠를수록 더 좋다. (the / the / better / sooner)

_____

C 주어진 문장에 알맞은 답을 해보시오.

1. Have you ever helped any sick person?

_____

2. Please explain the way of CPR.

_____

客室状況 5

その I , その II

항공사 업무 가이드
기적의 항공서비스
| 영어·일어회화

その一

 乗務員　 お客様

 あの、ちょっと お腹が 痛いんですけど。

 消化剤を お持ちしましょうか。

 お願いします。

 はい、すぐ お持ちいたします。(薬を持ってくる)

お客様、消化剤です。どうぞ。

お体の 具合いが 悪く なりましたら、また およびください。お大事に。

お腹	痛い	消化剤	具合い	お大事に

その二

 乗務員　 お客様

 お客様、頭痛は いかがでしょうか。

 はい、すっかり よく なった。ありがとう。

 それは よかったですね。

ほかに ご用が ございましたら、いつでも お呼び ください。

 ありがとう。

 どういたしまして。

頭痛	すっかり	ほかに	ご用	いつでも

チェック・ポイント

① 機内の救急箱

機内では救急箱が用意されているなど、緊急事態が発生した場合、直ちに対応できるいろんなシステムを整えている。飲み薬、貼り薬、塗り薬などが入った救急箱が載せられているし、手術のための道具なども載せられている。それから患者さんにお薬を与えたら一々紙の様式に書いて報告しなければならないので、客室乗務員はポケットのなかに簡単な薬ぐらいは常に用意して持ち歩いている。代表的に頭痛薬, 消化剤, ボナリング エイ, バンドエイドなどである。

1) **Medical Bag** : 비행중 사용 빈도가 높은 의약품으로써 필요시, 승객에게 신속히 제공하기 위해 지정된 승무원이 항상 휴대해야 하며, 내용물은 소화제 두통약 등 간단한 구급상비약으로 구성되어져 있다.

2) **FAK(First Aid Kit, 구급의료함)** : 항공법에 의해 탑재가 위무로 규정되어져 있는 장비로, 의사의 처방 없이 사용이 가능하다. FAK는 납으로 된 SEAL로 밀봉되어져 있으며 SEAL이 풀어져 있다면 새것으로 교환해야 한다.

3) **EMK(Emergency Medical Kit, 비상의료함)** : 비행중 위급한 응급환자 발생 시 사용되어지는 의료함으로 전문적인 치료를 목적으로 하기 때문에 의사면허를 소지한 자만이 사용할 수 있고, Banyan Kit이라고도 불린다. EMK는 의사가 환자의 상태를 진단하여 간단한 수술까지 가능한 의사용 진료함이다. 기도유지기, 주사약제, 청진기, 의사용 장갑, 약품설명서, 맥박측정기 등이 들어가 있다.

4) **AED(Automated External Defibrillator, 자동심실제동기)** : AED는 기내에서 심장이 마비된 환자에게 순간적으로 고압 전기적 충격을 가해 조직이 다시 활동할 수 잇도록 하는 장치이다. 미국연방항공국(FAA)에 의해 모든 항공기에 의무적으로 탑재하도록 하고 있으며 의사나 일정시간의 의료교육을 이수한 승무원들만 사용하도록 규정되어 있다.

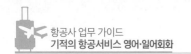

簡単な薬の名前と病名
・その他の薬：風邪薬、胃腸薬、頭痛薬、便秘薬、漢方薬、睡眠薬、
　痛み止、湿布、栄養剤、解熱剤、消化剤、軟膏、絆創膏
・病名：胃潰瘍、胃炎、食中毒、腸炎、下痢、吐気、寒気、風邪、腹痛、
　心臓マヒ、脳卒中、てんかん、糖尿病、高血圧

漢字の練習ノート

なか			
お腹	お腹	お腹	お腹
いた			
痛い	痛い	痛い	痛い
しょう か ざい			
消化劑	消化劑	消化劑	消化劑
ぐ あ			
具合い	具合い	具合い	具合い
わる			
悪い	悪い	悪い	悪い
だい じ			
大事	大事	大事	大事
ず つう			
頭痛	頭痛	頭痛	頭痛
きゅう きゅう ばこ			
救急箱	救急箱	救急箱	救急箱
か ぜ ぐすり			
風邪薬	風邪薬	風邪薬	風邪薬
ぎょうむ			
業務	業務	業務	業務

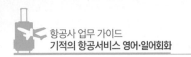
練習問題

1. 日本語に しなさい。

   (1) 배가 아픕니다.

   (2) 몸 상태가 나빠졌습니다.

   (3) 소화제를 갖다 드릴까요?

   (4) 볼일이 있으시면, 언제든지 불러 주세요.

   (5) 완전히 다 나았습니다.

2. 自由に 答えなさい。
   あなたは 一日を どう 過ごしていますか。

항공사 업무 가이드
기적의 항공서비스
영어·일어회화

Appendix

항공사 업무 가이드
기적의 항공서비스
영어·일어회화

1. Service Key Expression 100

2. 방송문 모음

3. 한국어 번역 및 Comprehension Practice 정답

Appendix 1

Service Key Expression 100

항공사 업무 가이드
기적의 항공서비스
영어·일어회화

1 GREETING(あいさつ)

Welcome aboard.
어서 오십시오.
いらっしゃいませ。

Hello.
안녕하십니까?
おはようございます。(こんにちは、こんばんは)

Thank you.
감사합니다.
ありがとうございます。(ました)

Thank you for flying with us.
탑승해 주셔서 감사합니다.
ごとうじょう ありがとうございます。(ました)

Alrigt.
알겠습니다.
かしこまりました。

You're welcome.
천만에요.
どういたしまして。

Congratulations.
축하드립니다.
おめでとうございます。

I'm sorry.
죄송합니다.
もうし わけ ございません。

Good bye.
안녕히 가십시오.
さようなら。

Excuse me.
실례하겠습니다.
しつれい いたします。(ました)

2 GUIDING PASSENGER(座席案内)

May I see your boarding pass, please?
탑승권을 보여 주십시오.
とうじょうけんを おみせ くださいませ。

Boarding pass, please.
탑승권 부탁합니다.
とうじょうけんを おねがい いたします。

What is your seat number?

좌석은 몇 번입니까?

おざせきは なんばんですか。

Go that way, please.

저쪽으로 가세요.

あちらへ どうぞ。

Go inside, please.

안쪽으로 들어가 주십시오.

おくの ほうへ おすすみ ください。

Let me show your seat.

안내해 드리겠습니다.

ごあんない いたします。

It is the seat behind you.

그 뒤 좌석입니다.

その うしろの おざせきです。

Go to your left, please.

왼쪽으로 들어가 주십시오.

ひだりの ほうへ おすすみ ください。

It is an aisle seat.

좌석은 통로석입니다.

おざせきは つうろがわでございます。

It is fully booked, today.

오늘은 만석입니다.

きょうは まんせきでございます。

3 BAGGAGE HANDLING(荷物案内)

May I help you with your bag?

짐을 들어드리겠습니다.

おにもつを おもちいたします。

May I put your bag here?

짐을 이쪽에 둘까요?

にもつを こちらに おおきしましょうか。

Please, don't forget when you get off the plane.

내리실 때 잊지 마세요.

おおりの さいは どうぞ おわすれなく。

May I help you?

도와드릴까요?

おてつだい しましょうか。

Is this your bag?

손님 짐이신가요?

おきゃくさまの おにもつでしょうか。

Would you please put your bag in the overhead bin?

짐은 위에 두실 것을 부탁드리겠습니다.

おにもつは うえに おねがい いたします。

Is there any valuable items?

귀중품은 없으시지요?

きちょうひんは ございませんか。

Please put your bag under the seat.

짐은 좌석 아래에 넣어 주십시오.

おにもつは おざせきの したに おいれ ください。

How about Mainichi?

마이니치 신문은 어떠십니까?

まいにち しんぶんは いかがでしょうか。

Have you requested vegetarian meal?

야채식을 주문하셨습니까?

べじたりあん みーるを おーだー なさいましたか。

4 BEFORE TAKE-OFF(離陸準備)

We'll take off soon.

곧 이륙하겠습니다.

まもなく りりくいたします。

Please, fasten your seatbelt.

안전을 위해 벨트를 매 주십시오.

あんぜんのため、べるとを おしめください。

Please, return your seatback to the upright position.

좌석 등받이를 원위치로 해 주십시오.

おざせきを おもどし くださいませ。

Please, close your tray table.

테이블을 원위치로 해 주십시오.

てーぶるを おもどし くださいませ。

Pease, stay at your seat.

좌석에서 기다려 주십시오.

おざせきで おまち くださいませ。

Please, return to your seat.

좌석으로 돌아가 주십시오.

おざせきに おもどりください。

We will prepare for the baby bassinet after take off.

이륙 후, 아기 침대를 설치해 드리겠습니다.

りりくの あと、あかちゃんの べっどを おつけ いたします。

Please, use the lavatory after take off.

화장실은 이륙 후에 이용해 주시기 바랍니다.

おてあらいは りりくの あとで おねがいします。

Today the flight time will be 9 hours and 10 minutes.

오늘 비행시간은 9시간 10분을 예정하고 있습니다.

ほんじつの ひこうじかんは くじかん じゅっぷんを よてい して おります。

We will do our best to make you enjoy the flight.

즐거운 비행이 되시도록 도와 드리겠습니다.

かいてきな ふらいとに なりますよう、おてつだい いたします。

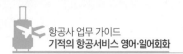
5 BEVERAGE SERVICE(お飲み物サービス)

Would you try the hot towel?
따뜻한 물수건은 어떠십니까?.
あつい おしぼりは いかがですか。

It is hot. Be carefull, please.
뜨겁습니다. 조심하십시오.
あついです。ごちゅうい くださいませ。

I'll open your tray table for you.
테이블을 열어 드리겠습니다.
てーぶるを おあけいたします。

What drink would you care for?
음료는 무엇으로 하시겠습니까?
おのみものは なにに なさいますか。

Would you care for some aperitifs?
식사 전에 음료는 어떠십니까?
おしょくじの まえに おのみものは いかがですか。

We have some beer, cocktail, juice and soft drink.
맥주, 칵테일, 주스, 소프트 드링크 등이 있습니다.
びーる、かくてる、じゅーす、そふと どりんく などが ございます。

This is snacks served with alcoholic beverages.
이것은 안주입니다.
こちらは おつまみでございます。

Would you care for some more wine?
와인 한 잔 더 드릴까요?
わいんの おかわりは いかがですか。

Would you try some more?
조금 더 드시겠습니까?
もう すこし いかがですか。

We don't have Asai beer anymore.
아사히 맥주는 전부 떨어졌습니다.
あさひ びーるは ぜんぶ でて しまいました。

6 MEAL SERVICE(お食事サービス)

Here is today's menu.
오늘의 메뉴입니다.
ほんじつの メニューでございます。

What would you have for your meal?
식사는 무엇으로 하시겠습니까?
おしょくじは なにに なさいますか。

We have beef and chicken.
식사는 비프와 치킨이 있습니다.
おしょくじは びーふと ちきんが ございます。

I'm sorry. We've run out of beef.
죄송합니다. 비프가 전부 떨어졌습니다.
あいにく びーふは ぜんぶ でて しまいました。

You can take your time finishing your meal.
천천히 드십시오.
どうぞ ごゆっくり。

Did you enjoy your steak?
스테이크는 입에 맞으셨는지요?
すてーきは おくちに あいましたか。

Have you done with your meal?
다 드셨습니까?
おすみでしょうか。

Can I take this away?
치워드릴까요?
おさげして よろしいですか。

I'll bring it again shortly.
곧 다시 갖다 드리겠습니다.
すぐに おとりかえ いたします。

The dinner is Bibimbab and the breakfast is Omelette.
저녁식사는 비빔밥이고요, 아침식사는 오믈렛입니다.
ゆうしょくは びびんば、ちょうしょくは おむれつでございます。

7 **DUTY FREE SALE**(機内販売)

This is in-flight duty free sales.
면세품 기내판매입니다.
めんぜいひんの きない はんばいです。

Here is the brochure.
여기에 안내서가 있습니다.
こちらに あんないしょが ございます。

Unfortunately, it's all sold out.
공교롭게도 모두 팔렸습니다.
あいにく ぜんぶ でて しまいました。

The duty free allowance of alcohol is a bottle.
술은 한 병까지 면세가 됩니다.
おさけは 1ぽんまで めんぜいでございます。

I'll confirm your order.
주문을 확인하겠습니다.
ごちゅうもんを かくにんいたします。

The money exchange rate is 1200 won to 1 dollar.
기내환율은 1달러가 1,200원입니다.
きないの れーとは、1どるが 1200wonでございます。

Would you pay by cash?
지불은 현금으로 하시겠습니까?
おしはらいは、げんきんでございますか。

Do you have any small change?
잔돈은 없으십니까?
こまかい おかねは ございませんか。

Is it ok that I give you the change in dollars?

거스름돈은 달러로 드려도 괜찮으십니까?

おつりは どるでも よろしいですか。

Do you need anything else?

그밖에 필요한 것은 없으십니까?

ほかに ごひつような ものは ございませんか。

8 ENTRY DOCUMENT(入国書類)

Here is the landing card.

입국 서류입니다.

にゅうこく しょるいでございます。

Here is the customs form.

세관 신고서입니다.

ぜいかん しんこくしょです。

Do you have the document?

서류를 가지고 계시나요?

しょるいを おもちですか。

Do you need the form?

신고서 필요하십니까?

しんこくしょは ごひつようですか。

You need it even when you have nothing to declare.

신고하실 것이 없어도 필요합니다.

しんこくする ものが なくても ごひつようです。

Where is your final destination.

최종 목적지는 어디십니까?

さいしゅう もくてきちは どちらですか。

Are you with family members?

가족이신가요?

ごかぞくですか。

The customs form is needed per a family.

세관신고서는, 가족 당 1장이면 됩니다.

ぜいかん しんこくしょは、ごかぞくに 1まいで けっこうです。

Please, each of you, fill out the landing card.

입국카드는 한 사람에 한 장씩 작성해 주십시오.

にゅうこく かーどは おひとり 1まいずつ おかきください。

Please, fill out all the forms in capital letters.

(모든 입국서류는) 영어 대문자로 기입해 주십시오.

えいごの おおもじで ごきにゅう くださいませ。

9 PASSENGER CARE-1(その他)

Do you need help?

부르셨습니까?

およびでしょうか。

Just a moment, please.

잠시 기다려 주십시오.

すこし おまち くださいませ。

I'll get it right away.
곧 갖다 드리겠습니다.
すぐ おもちいたします。

Thank you for waiting. Here you are.
오래 기다리셨습니다. 여기 있습니다.
おまたせ いたしました、どうぞ。

Let me check it for you immediately.
곧 알아봐 드리겠습니다.
すぐ おしらべ いたします。

Please call us again.
또 불러 주세요.
また および ください。

I don't speak Japanese.
일본어는 잘 모릅니다.
にほんごは よく わかりません。

I'll call a Japanese flight attendant.
일본인 승무원을 불러드리겠습니다.
にほんじんの すちゅわーですを およびいたします。

If you need anything, let us know anytime.
볼일이 있으실 때는 언제든지 알려 주십시오.
ごようの さいは、いつでも おしらせ くださいませ。

Do you need anything else?

그밖에 필요하신 것은 없으십니까?

ほかに ごようは ございませんか。

10 PASSENGER CARE-2(その他)

I'll get some hot water.

따뜻한 물을 가져다 드리겠습니다.

おゆを おもち いたします。

I'll bring some cold water.

차가운 물을 가져다 드리겠습니다.

つめたい おみずを おもち いたしましょうか。

A movie will be shown after duty free sales.

영화는 기내판매 후에 상영해 드리겠습니다.

えいがは きない はんばいの あとで じょうえい いたします。

Please, hold your baby outside the seatbelt.

아기는, 벨트 밖으로 안아 주십시오.

あかちゃんは、べるとの そとがわに おだき くださいませ。

How was your sleep?

잘 주무셨습니까?

よく おやすみに なりましたか。

How's your feeling? Hope you get better.

기분은 좀 어떠십니까? 부디 쾌차하세요.

ごきぶんは いかがでしょうか。どうぞ おだいじに。

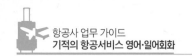

Do you have any allergies to any medicine?

약 알레르기는 없으십니까?

くすりの あれるぎーは ございませんか。

Please, refer to the magazine for more informations.

자세한 사항은, 잡지를 참고해 주시기 바랍니다.

くわしい ことは、こちらの ざっしを ごらん ください。

We are sorry for the inconvenience.

불편을 드려서 죄송합니다.

ごめいわくを おかけして もうし わけ ございません。

We are delayed due to the maintenance.

정비관계로 조금 늦어지고 있습니다.

せいびの かんけいで おくれて おります。

항공사 업무 가이드
기적의 항공서비스
영어·일어회화

방송문 모음

항공사 업무 가이드
기적의 항공서비스
영어·일어회화

1 BAGGAGE SECURING

손님 여러분, 가지고 계신 짐은 앞 좌석 밑이나 선반 속에 보관해 주시고,
선반을 여실 때는 먼저 넣은 물건이 떨어지지 않도록 조심해 주십시오.
감사합니다.

1 BAGGAGE SECURING

Ladies and gentlemen,

for your comfort and safety, please put your carry-on baggage
in the overhead bins or under the seat in front of you. When you
open the overhead bins, please be careful as the contents may
fall out.

Thank you.

① BAGGAGE SECURING

みなさま、おはようございます。（こんにちは・こんばんは）

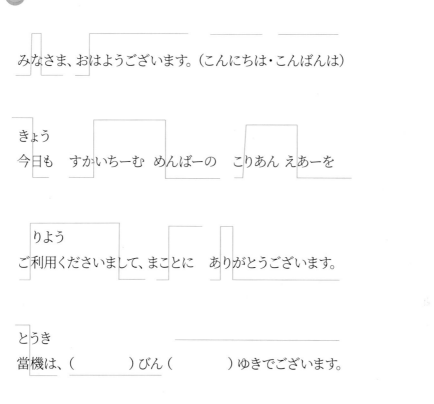

きょう
今日も　すかいちーむ　めんばーの　こりあん えあーを

りよう
ご利用くださいまして、まことに　ありがとうございます。

とうき
當機は、（　　　　　）びん（　　　　　）ゆきでございます。

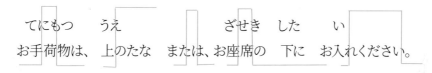

てにもつ　　うえ　　　　　　ざせき　した　　い
お手荷物は、　上のたな　または、お座席の　下に　お入れください。

2 PREPARATION FOR DEPARTURE

손님 여러분.

_____ (도시명)까지 가는 _____ 항공 _____ 편, 잠시 후에 출발하겠습니다. 갖고 계신 짐은 앞 좌석 아래나 선반 속에 보관해 주시고, 지정된 자리에 앉아 좌석벨트를 매 주시기 바랍니다. 아울러 기내에서의 흡연, 승무원의 업무를 방해하는 행위 및 전자기기 사용기준 위반은 항공보안법에 따라 엄격히 금지 돼 있음을 알려드립니다.

감사합니다.

2 PREPARATION FOR DEPARTURE

Ladies and gentlemen,

this is _____ (항공사명) flight _____ (편명) bound for_____ (via _____).

We will be departing soon. Please make sure that your carry on items are stored in the overhead bins or under the seat in front of you.

Please take your assigned seat and fasten your seat belt.

Also, please note that smoking, disturbing cabin crew and using non-approved portable electronic devices are all strictly prohibited according to the aviation securty laws.

Thank you.

2 PREPARATION FOR DEPARTURE

みなさま

ひこうき
この飛行機は、（　　　　）びん（　　　　　）ゆきでございます。

とうき　　　　　　　　しゅっぱつ
當機は、　まもなく　　出発　いたします。

てにもつ　うえ　　　　　　　　ざせき　　した　　い
お手荷物は、上のたな　または、お座席の　下に　お入れくださいませ。

　　　　　ざせき
また　お座席の べるとを　おしめくださいませ。

3 WELCOME

손님 여러분, 안녕하십니까. 저희 ＿＿ 항공은 여러분의 탑승을 진심으로 환영합니다. 이 비행기는 (＿＿를 거쳐) ＿＿(도시명)까지 가는 ＿＿ 항공 ＿＿ 편입니다.

👆 공동운항

(~이며) (항공사명)과 공동운항하고 있습니다.

목적지(/중간도착지)인 (도시명)까지 예정된 비행시간은
이륙 후 ＿＿시간 ＿＿분입니다.
오늘 (성명) 기장을 비롯한 저희 승무원들은 여러분을 정성껏 모시겠습니다.

👆 승객군집방지안내- 괌, 미주행 항공편

(또한) 비행기 운항 중에는 보안 관계상 여러 승객들이 한 곳에 모여 있지 않도록 되어 있으니 협조해 주시기 바랍니다.

👆 기내판매 전담승무원 탑승시

이 구간은 비행시간이 짧은 관계로 면세품 신청을 미리 주문 받고 있습니다. 이륙 후 승무원에게 말씀하시면 식사서비스가 끝난 후 전달해 드리겠습니다.

출발을 위해 좌석벨트를 매주시고 등받이와 텡블을 제자리로 해 주십시오. 그리고 휴대전화 등 전자기기는 무선통신 기능이 꺼진 상태에서 사용하실 수 있으며, 노트북 등 큰 전자기기는 좌석 하단 또는 기내 선반에 보관해 주시기 바랍니다.
비행 중 여러분의 안전을 담당하는 안전요원인 승무원의 지시에 협조해 주시기 바라며, 계속해서 기내 안전에 관해 안내해 드리겠습니다.
잠시 (화면/ 승무원)을 주목해 주시기 바랍니다.

3 WELCOME

Good morning (afternoon/ evening), ladies and gentlemen.
Captain (Family name) and the entire crew are pleased to welcome aboard ____ (항공사 이름).
This is flight ____, bound for ____ (via ____).

공동운항

code-sharing with ____ (항공사 이름).

Our flight time to ____ (목적지/ 중간기착지) today will be ____ hour(s) and ____ minute(s).

현지 승무원 탑승 시

일반적인 경우

We have (a/an) (국가) based cabin crew on board.

운항노선의 언어 구사 가능한 기타지역의 현지 승무원이 탑승한 경우

We have (a/an) (국가) based cabin crew on board to help you in (언어)
During the flight, our cabin crew will be happy to serve you in any way we can.

기내판매 전담승무원 탑승 시

Our flight today is very short, so we will be placing duty free orders once we take off. You may place an order with our cabin crew and your items will be delivered after the meal service.

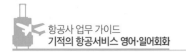

승객군집방지안내- 괌, 미주행 항공편

As part of security procedures, we request you not to congregate in the cabin.

To prepare for departuere, please fasten your seatbelt and return your seat and tray table to the upright position. you are allowed to use your electronic devices during the flight as long as they are set to flight mode. However, larger devices such as laptop computers must be stored under your seat or in the overhead bins during take off and landing. Please fully cooperate with cabin crew who act as safety officers during the flight. And for your safety, please direct your attention for a few minutes to the video screens/ cabin crew for safety information.

3 WELCOME

みなさま、おはようございます。（こんにちは・こんばんは）

1

ほんじつも　すかいちーむ　めんばーの　こりあん　えあーを

りょう
ご利用いただきまして、まことに　ありがとうございます。

とうじょう
みなさまの　ご搭乗を　こころより　かんげい　いたします。

2

とうじょう
ご搭乗の みなさま　おはようございます。

いつも　すかいちーむ　めんばーの　こりあん　えあーを

りょう
ご利用くださいまして、まことに　ありがとうございます。

ひこうき
この飛行機は、（　　　　）びん（　　　　　）ゆきでございます。

この　びんは、こりあん　えあーと（　　　　）えあらいんが

きょうどうで　うんこうしております。

（　　　）までの　飛行 時間は（　　　）時間（　　　）分を

予定しております。

ほんじつは、機長（　　　）を　はじめ、わたくしども　乗務員が

みなさまを（　　　）まで　ご案内 いたします。

ご用の さいは わたくしどもに　ご遠慮なく　お知らせくださいませ。

なお　まもなく　安全 に　かんする　びでおを　上映 いたします。

前の　すくりーんを　ごらんくださいませ。

4 SEAT BELT SIGN OFF

손님 여러분, 방금 좌석벨트 표시등이 꺼졌습니다. 그러나 비행기가 갑자기 흔들리는 경우에 대비해 자리에서는 항상 좌석벨트를 매시기 바랍니다. 그리고 선반을 여실 때는 안에 있는 물건이 떨어지지 않도록 조심해 주십시오. 아울러 여행하신 누적거리에 따라 다양한 혜택을 드리는 ＿＿＿＿ 항공 (상용고객 우대 프로그램)에 대한 정보는 기내지를 참고해 주시고, 회원 가입을 원하시는 분은 승무원에게 말씀해 주시기 바랍니다.

4 SEAT BELT SIGN OFF

Ladieis and gentlemen, the captain has turned off the seatbelt sign. We recommend that you keep your seatbelt fastened while seated. Please be careful when opening the overhead bins as the contents may be shifted during the flight.
(상용고객 우대 프로그램명) is (항공사명)'s frequent flyer program that provides our valued customers with travel awards and special benefits. For further information, you may refer to the magazine in your seat pocket. If you wish to join, please contact our cabin crew.

🐾 A380기종 운항시

On this aircraft, there is a duty-free showcase lacated at the end of the main deck.
We hope you enjoy this unique sky shopping experience.
Thank you.

4 SEAT BELT SIGN OFF

あんない
ご案内いたします。

ちゃくよう
ただいま、しーとべると　着用の　さいんが　きえましたが、

きりゅう　へんか　　きたい
きゅうな　気流の　変化　により　機体が　ゆれることが　ございます。

ざせき
お座席に　おつきのあいだ、

やす
また　お休みの　さいには　しーとべるとを　おしめくださいませ。

うえ
また　上のたなを　おあけになる　さいには、

にもつ　　　　　　　　　　　　　　　　　　　　　　ちゅうい
荷物が　すべりでることが　ございます。　じゅうぶん　ご注意ください。

かいいん
なお　こりあん　えあーの　スカイパス　会員の　みなさまには、

とくてん
ふりー　ちけっとなど　いろいろな　特典が　ございます。

にゅうかい　　　　　きゃくさま
入会を　ごきぼうの お客様は、

じょうむいん　　し
乗務員に　お知らせくださいませ。

　　　　　　　かいてき　そら たび　たの
みなさまに　快適な　空の旅を　お楽しみ いただけますよう

きない
機内　すとれっちんぐの　びでおを　ご用意いたしております。

てもと
お手元の　もにたーの　いんふぉめーしょんの　すかいちーむにて

ひこうちゅう
飛行中　いつでも　ごらんになれます。

　　　　　　　　　てもと　きないし
くわしいことは、　お手元の　機内誌を ごらんくださいませ。

5 IN-FLIGHT SALES

손님 여러분, _____항공에서는 우수한 품질의 다양한 면세품들을 판매하고 있습니다. 구매를 원하시는 분은 판매 카트가 지나갈 때에 말씀하시기 바랍니다. '기내 면세품 사전주문서'를 작성하시면 편리하게 면세품을 구매하실 수 있으며, 미화 200불 이상의 면세품을 사전 주문하시는 분께서는 사은품 증정 행사를 실시하고 있음을 알려드립니다. 또한 환승 시 액체류 물품은 보안상의 이유로 기내반입에 제한을 받을 수 있으니 구매를 원하시는 분은 승무원의 안내를 받으시기 바랍니다.

👆 면세허용량 안내

참고로, (국가명)에 입국하시는 손님의 면세허용량은 담배 _____갑, 주류 _____병임을 알려드립니다.

👆 다음 구간이 면세품 판매 불가 구간인 경우

그리고 (도시명) 구간에서는, 면세품을 구매하실 수 없음을 알려드립니다.

5 IN-FLIGHT SALES

Ladies and gentlemen, we will begin our duty free sales. You may purchase items now, or order items for your return flight. Due to restrictions on liquids and gels for transit passengers, please inform our cabin crew before purchasing these items.

면세허용량 안내

We would like to let you know that the duty free allowance for (국가명) is ＿＿＿ bottle(s) of liquor and ＿＿＿ carton(s) of cigarettes.

다음 구간이 면세품 판매 불가 구간인 경우

Also, we would like to remind you that duty free sales will not be available on the next portion of our flight, between ＿＿＿ and ＿＿＿.

5 IN-FLIGHT SALES

みなさま、ただいまより　めんぜいひんの　機内（きない）　販売（はんばい）を　いたします。

ごきぼうのお　客様（きゃくさま）は　乗務員（じょうむいん）が　お席（せき）に　まいりました　さい

おしらせくださいませ。

くわしいことは、　お手元（てもと）の　すかい　しょっぷを　ごらん　くださいませ。

なお　こりあん　えあーでは、お帰（かえ）りの　びんの　免税品を

ご予約（よやく）　いただけます。

ほんじつ　ご注文（ちゅうもん）になりますと　お帰（かえ）りの　びんで　おうけとりに　なれます。

ごきぼうのお　客様（きゃくさま）は、お手元（てもと）の　ちゅうもんしょに　ご記入（きにゅう）の　うえ

乗務員（じょうむいん）に　お渡（わた）し　くださいませ。

（　　　）の めんぜいの はんいは、お酒（さけ）が（　　　）本（ぼん）、

たばこが（　　　）かーとんでございます。

なお　ご質問（しつもん）が　ございましたら

わたくしども　じょうむいんに　おしらせくださいませ。

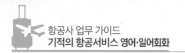
6 IN-FLIGHT SALES CLOSE

안내말씀 드리겠습니다. 착륙에 필요한 안전업무 수행을 위해 면세품 판매를 마치겠습니다.
구입을 하지 모하신 분께서는 양해해 주시기 바랍니다.
감사합니다.

6 IN-FLIGHT SALES CLOSE

Ladies and gentlemen,
we are sorry to announce that we have close our duty free sales
in preparation for landing.
Your kind understanding is appreciated.

6 IN-FLIGHT SALES CLOSE

あんない
ご 案 内 いたします。

はんばい
ただいまを もちまして　かーとによる　めんぜいひんの 販 売 は、

しゅうりょうさせていただきますが、

ひこうちゅう　　　　　　か
めんぜいひんは、飛行中　いつでも　お買いもとめに なれます。

きゃくさま　　　じょうむいん
ごきぼうの お 客 様 は、　乗 務 員 に おもうしつけくださいませ。

かえ　びん
なお　こりあん えあーでは、　お帰りの 便の　めんぜいひんを

よやく
ご予約 いただけます。

きゃくさま　　　てもと　　　　　　　　きにゅう
ごきぼうの お 客 様 は、お手元の ちゅうもんしょに　ご 記 入 の うえ

じょうむいん　　わた
乗 務 員 に　お渡しくださいませ。

7 MOVIE

승객 여러분, 저희는 잠시 후에 _____ 라는 제목의 영화를 보여 드리겠습니다. 영어는 채널 _____ 에서, 한국말은 채널 _____ 에서 들으실 수 있습니다. 즐거운 영화시간이 되시기 바랍니다.
감사합니다.

7 MOVIE

Ladies and gentlemen.
In a few minutes, we'll be showing you a movie titled _____ . Please turn to channel _____ for English or _____ for Korean. I hope you enjoy our in-flight movie.
Thank you.

7 MOVIE

みなさま、 まもなく 映画を 上映 いたします。

ほんじつの 映画は （　　　　）と （　　　　　）でございます。

なお、にほんめの 映画は、 お 食事 の あとに 上映 いたします。

おそれいりますが、まどの ぶらいんどを おしめくださいませ。

なお きゅうな 気 流の 変化に そなえ、

お座 席 に おつきの さいには、

しーとべるとを おしめくださいませ。

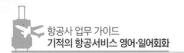

8 TURBULENCE 1차

손님 여러분,
1. 비행기가 흔들리고 있습니다.
2. 기류가 불안정합니다.
좌석벨트를 매주시기 바랍니다.

8 TURBULENCE 1차

Ladies and gentlemen,
please fasten your seatbelt due to turbulence.

8 TURBULENCE 1차

みなさま

きりゅう　ふあんてい　　　つうか
ただいま　気流 の 不安定な ところを 通過して おります。

しーとべるとを　しっかりと おしめくださいませ。

ちゃくよう
べると　着用 の さいんが　きえますまで

ざせき　　ま
いましばらく　お座席 にて　お待ちくださいませ。

てあら
なお　その かんの　お手洗いの ごしようは　ごえんりょ くださいませ。

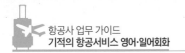
9 ARRIVAL INFORMATION : KOREA

안내 말씀 드리겠습니다.

한국에 입국하시는 손님들께서는 입국에 필요한 휴대품 신고서를 다시 한 번 확인해 주십시오. 미화 만불 이상, 또는 이에 해당하는 외화를 갖고 계시거나 미화 600불 이상의 물품을 구매하신 경우 반드시 신고해 주십시오.

검역 관련- 별도 공지기간에만 실시

또한 조류독감. 구제역 등 전염병의 국내 유입을 방지하기 위해 해외에서 가축농장을 방문하셨거나 해외에서 생산된 농·수·축산물을 가져오신 분은 검역기관에 신고해 주시기 바랍니다. 감사합니다.

9 ARRIVAL INFORMATION : KOREA

Ladies and gentlemen,

all passengers entering into Korea, please have your entry documents ready. If you are carrying more than the equivalent of 10,000 US dollars or more, or if you have acquired more than 600 US dollars worth of articles abroad, you must declare them on the customs form.

검역 관련- 별도 공지기간에만 실시

Also, in order to prevent the spread of infectious diseases such as avian influenza and foot and moth disease, you must go to the quarantine center to undergo disinfection procedures if you work in the livestock industry. Also, if you have visited a livestock farm or if you are carrying agricultural, animal or marine products into Korea, please inform the quarantine center. Thank you.

⑨ ARRIVAL INFORMATION : KOREA

あんない
ご案内いたします。

かんこく　　　　　　きゃくさま　　にゅうこく
韓国でおおりのお客様は　入国かーどと

ぜいかん　　　　　　ようい
税関しんこくしょを　ご用意ください。

(検疫CARD必要時)

にゅうこく　　　ぜいかん　　　　　けんえき　　　　よようい
入国カードと　税関しんこくしょ、　検疫カードを　ご用意ください。

あめりか　どるを　いちまん　どる　いじょう

　　　　　　　　　　　　　がいこく　　　も　きゃくさま
または、これに　そうとうする　外国かへいを　お持ちのお客様は、

　　ぜいかん　　　　　　か
かならず　税関しんこくしょに　お書きください。

しんこく　　　　ばあい
なお申告もれが　あった場合には,　ばっきんが　かせられることが

　　　　　　　　　　　　きにゅう
ございますので,　せいかくに　ご記入くださいませ。

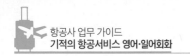
10 HEADPHONE COLLECTION

손님 여러분,
착륙 준비를 위해 지금부터 사용하시던 헤드폰과 잡지를 걷겠습니다. 협조
를 부탁 드립니다. 감사합니다.

10 HEADPHONE COLLECTION

Ladies and gentlemen,
we will now collect headphones and magazines. Thank you for
your cooperation.

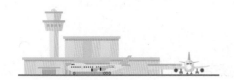

10 HEADPHONE COLLECTION

　あんない
ご 案 内 いたします。

　　　　　じょうむいん　　　　　　　　ざっし
ただいまより 乗 務 員が へっどほーんと 雑誌を かいしゅう いたします。

　　　　　　　　　　　　　　　　　　　　　もうふ
おそれいりますが おつかいになりました 毛布は、

まえ　　ざせき
　前 の お座席の ぽけっとに おいれくださいませ。

　　　　　　　　　　　　　　　　　　　　　　きゃくさま
また　ひきつづき　（　　　）まで　おこしの　お 客 様 は、

へっどほーんと　もうふは、

まえ　　ざせき
　前の お座席の ぽけっとに おいれくださいませ。

* ARRIVAL INFORMATION : JAPAN

　　　あんない
ご　案　内 いたします。

にほん　　　　　きゃくさま　ぜいかん　　　　　　　よう い
日本で　おおりの　お 客 様 は、税 関 しんこくしょを　ご用意ください。

ぜいかん　　　　　　　かぞく　いちまい
　税 関 しんこくしょは、ご家族に　一 枚　ごひつようです

　　　しつもん　　　　　　　　じょうむいん　　し
なお、ご 質 問 が　ございましたら、乗 務 員 に お知らせくださいませ。

11 TRANSIT PROCEDURE

계속해서 이 비행기로 (도시명)까지 가시는 손님들께 안내 말씀 드리겠습니다. (공항명)에 도착하면 모든 짐을 갖고 내리시고 탑승군도 잊지 마시기 바랍니다. 내리신 후에는 (도시명) 저의 지상직원의 안내에 따라 통과카드를 받으신 다음, 공항 대기장소에서 잠시 기다려 주십시오. 이 비행기의 다음 출발 시각은 _____ 시 _____ 분 이며, 탑승시각은 공항에서 알려드리겠습니다. 감사합니다.

11 TRANSIT PROCEDURE

Ladies and gentlemen,

if you are continuing onto _____ with us you should take all of your belongings including boarding pass when leaving the airplane. After deplaning, please go to the transit area.

Our scheduled departure time for ___ is ___ am/pm.

Please listen to your boarding announcement in the transit area.

Thank you.

11 TRANSIT PROCEDURE

あんない
ご 案 内 いたします。

ひこうき   きゃくさま
ひきつづき　この 飛行機にて　（　　）まで　おこしの　お 客 様 は、

つうか
通 過 かーどを　おうけとりになり

くうこう　　　　　ま
空 港 らうんじにて　お待ちください。

てにもつ　　　も
なお　おおりの さいは、　お手荷物は、すべて お持ちくださいませ。

とうちゃくご　やく
到 着 後　約（　　）ぷんごに

とうじょう　　　　　よてい
搭 乗を　かいしする　予定でございます。

とうじょう じかん　くうこう　　　　あんない
搭 乗 時 間は、　空港で　あらためて ご 案 内 いたします。

12 TRANSIT GATE INFORMATION

안내 말씀 드리겠습니다. 인천공항에 도착 후 여러분께서 내리실 게이트는 ___ 번입니다.

👆 AVOD를 통해 연결편 정보가 확인 불가한 경우

계속해서 연결편으로 여행하시는 손님 여러분께 출발 탑승구를 안내해 드리겠습니다. (도시명)행 ___ 항공 ___ 편은 ___번 탑승구, (도시명)행 ___ 편은 ___ 번, (도시명) ___ 편은 ___번, 그리고 (도시명)행 ___ 항공 ___ 편은 ___ 탑승구에서 출발할 예정입니다. 문의사항이 있는 분께서는 저희 승무원에게 말씀해 주십시오.

👆 AVOD를 통해 연결편 정보가 확인 가능한 경우

계속해서 연결편으로 여행하시는 손님께서는 모니터를 통해 연결편 탑승구 정보를 확인하실 수 있습니다. 문의사항이 있는 분께서는 저희 승무원에게 말씀해 주십시오.

12 TRANSIT GATE INFORMATION

Ladies and gentleme, our gate number at Incheon International airport is _____.

👆 AVOD를 통해 연결 편 정보가 확인 불가한 경우

Please listen for your connecting gate number.
(항공사명) flight (편명) to (목적지), gate _____,
(항공사명) flight (편명) to (목적지), gate _____,
and (항공사명) flight (편명) to (목적지), gate _____.
For more information, please ask our cabin crew.

👆 AVOD를 통해 연결 편 정보가 확인 가능한 경우

For connecting gate information, please refer to your individual monitor or ask our cabin crew.

12 TRANSIT GATE INFORMATION

みなさま　この飛行機（ひこうき）は、　いんちょん空港（くうこう）

（　　　）ばんげーとに　到着（とうきゃく）する　予定（よてい）です。

おのりつぎの　お客様（きゃくさま）に、　のりつぎ便（びん）の　げーとの　ご案内（あんない）を　いたします。

（　　　）ゆき（　　　）びんは、（　　　）ばん、

（　　　）ゆき（　　　）びんは、（　　　）ばん、

（　　　）ばんげーとより　出発（しゅっぱつ）する　予定（よてい）でございます。

なお　ご質問（しつもん）が　ございましたら

わたくしども　乗務員（じょうむいん）に　お知らせ（し）くださいませ。

13 APPROACHING

손님 여러분, 우리 비행기는 잠시 후에 (공항명)에 도착하겠습니다. 착륙 준비를 위해, 꺼내 놓은 짐들은 앞좌석 아래나 선반 속에 다시 보관해 주시고, 창문 덮개는 열어 두시기 바랍니다.

👆 **국내출발 국제선 전 편**

아울러, 기내면세품 사전주문서 작성을 마치신 손님께서는 저희 승무원에게 전달해 주시기 바랍니다.

13 APPROACHING

Ladies and gentlemen, we are appraching _____ airport. Please store your carry on items in the overhead bins or under the seat in front of you, and open your window shades.
Thank you.

13 APPROACHING

みなさま、

この 飛行機は 約 （　　　） 分後に
（ひこうき）（やく）　　　（ぷんご）

（　　　） 空港に 到 着 いたします。
　　　　　（くうこう）（とうちゃく）

お荷物は 上のたな または お座席の 下に お入れください。
（にもつ）（うえ）　　　　　（ざせき）（した）（い）

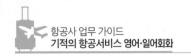
14 LANDING

손님 여러분, 우리 비행기는 곧 착륙하겠습니다. 좌석 등받이와 (발 받침대) 테이블을 제자리로 해 주시고, 좌석벨트를 매 주십시오. 노트북 등 큰 전자 기기는 좌석 하단 또는 기내 선반에 보관해 주시기 바랍니다.
감사합니다.

14 LANDING

Ladies and gentlemen,
we will be landing shortly. In preparation for landing, please fasten your seatbelt, return your seat and tray table to the upright position, and open your window shades.
Also, please discontinue the use of electronic devices until the aircraft has been parked at the gate.
Thank you.

14 LANDING

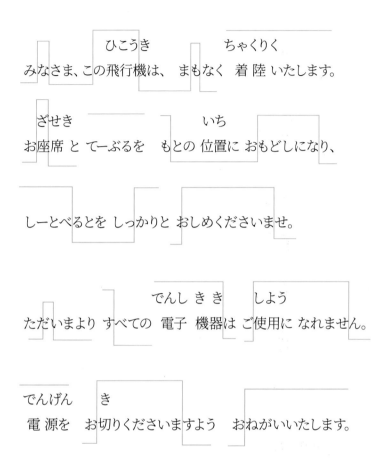

みなさま、この飛行機は、まもなく 着陸 いたします。
（ひこうき）（ちゃくりく）

お座席 と てーぶるを もとの 位置に おもどしになり、
（ざせき）（いち）

しーとべるとを しっかりと おしめくださいませ。

ただいまより すべての 電子 機器は ご使用に なれません。
（でんし きき）（しよう）

電源を お切りくださいますよう おねがいいたします。
（でんげん）（き）

15 **FAREWELL**

손님 여러분, 우리 비행기는 (공항명)에 도착했습니다.

👆 **도시특성문안이 있는 경우 – 김포공항, 인천 공항 제외**

(도시특성문안)에 오신 것을 환영합니다.

👆 **30분 이상 지연/기상, 천재지변 등 당사 귀책사유가 아닌 경우**

_____ 관계로 도착이 예정보다 늦어졌습니다.

지금 이곳은 ____월 ____일 ____요일 오전/오후 ___시 ___분입니다. 여러분의 안전을 위해, 비행기가 완전히 멈춘 후 좌석벨트 표시등이 꺼질 때까지 자리에서 기다려 주십시오.
선반을 여실 때는 안에 있는 물건이 떨어질 수 있으니 조심해 주시고,
내리실 때는 잊으신 물건이 없는지 다시 한 번 확인해 주시기 바랍니다.
오늘도 저희 ___항공을 이용해 주셔서 대단히 감사합니다.
저희 승무원들은 앞으로도 안전하고 편안한 여행을 위해 최선을 다하겠습니다.
감사합니다.

15 FAREWELL

Ladies and gentlemen,
we have landed at (공항명) internatinal airport.

 30분 이상 지연/기상, 천재지변 등 당사 귀책사유가 아닌 경우

Today we were delayed due to _____ .

The local time is now (_____:_____) am/pm., (요일), (달),
(날짜).

For your safety, please remain seated until the seatbelt sign is tu
rned off. Be careful when opening the overhead bins as the conte
nts may have shifted during the flight.

Please remember to take all of your belonings when you leave the
airplane.

Thank you for choosing (항공사명) and we hope to see you again
soon on your next flight.

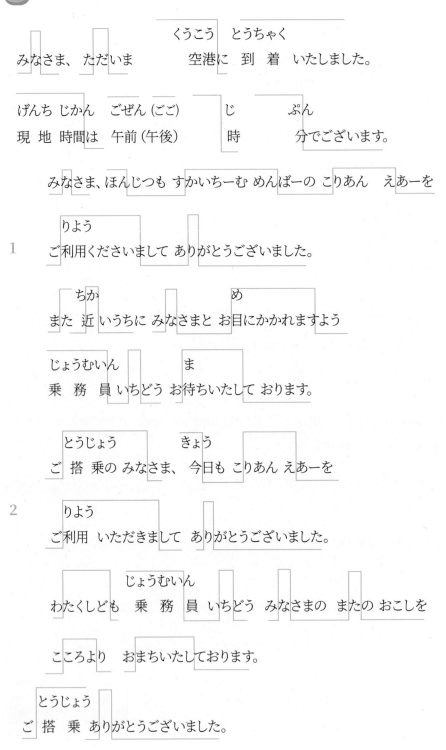

15 FAREWELL

みなさま、ただいま　　　空港に　到　着　いたしました。
（くうこう　とうちゃく）

現地時間は　午前（午後）　　時　　分でございます。
（げんち じかん　ごぜん（ごご）　じ　ぷん）

1　みなさま、ほんじつも　すかいちーむ　めんばーの　こりあん　えあーを
ご利用くださいまして　ありがとうございました。
（りよう）

また　近いうちに　みなさまと　お目にかかれますよう
（ちか　　　　　　　　　め）

乗務員いちどう　お待ちいたして　おります。
（じょうむいん　　　ま）

2　ご搭乗の　みなさま、今日も　こりあん　えあーを
（とうじょう　　　きょう）

ご利用　いただきまして　ありがとうございました。
（りよう）

わたくしども　乗務員いちどう　みなさまの　またの　おこしを
（じょうむいん）

こころより　おまちいたしております。

ご搭乗ありがとうございました。
（とうじょう）

 일본어 방송 읽기 가이드

1 숫자읽기(1~100)

1(いち)	11(じゅういち)	21(にじゅういち)
2(に)	12(じゅうに)	*
3(さん)	13(じゅうさん)	30(さんじゅう)
4(よん、し、よ)	14(じゅうよん)	40(よんじゅう)
5(ご)	15(じゅうご)	50(ごじゅう)
6(ろく)	16(じゅうろく)	60(ろくじゅう)
7(しち、なな)	17(じゅうしち)	70(ななじゅう)
8(はち)	18(じゅうはち)	80(はちじゅう)
9(きゅう、く)	19(じゅうきゅう)	90(きゅうじゅう)
10(じゅう)	20(にじゅう)	100(ひゃく)

2 숫자읽기(100~10,000)

100 ひゃく	200 にひゃく	300 さんびゃく	400 よんひゃく	500 ごひゃく
600 ろっぴゃく	700 ななひゃく	800 はっぴゃく	900 きゅうひゃく	1,000 せん
2,000 にせん	3,000 さんぜん	4,000 よんせん	5,000 ごせん	6,000 ろくせん
7,000 ななせん	8,000 はっせん	9,000 きゅうせん	10,000 いちまん	100,000 じゅうまん

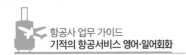

항공사 업무 가이드
기적의 항공서비스 영어·일어회화

3 날짜읽기 (何月何日ですか)

1월(いちがつ)	2월(にがつ)	3월(さんがつ)
4월(しがつ)	5월(ごがつ)	6월(ろくがつ)
7월(しちがつ)	8월(はちがつ)	9월(くがつ)
10월(じゅうがつ)	11월(じゅういちがつ)	12월(じゅうにがつ)

1日(ついたち)	2日(ふつか)	3日(みっか)
4日(よっか)	5日(いつか)	6日(むいか)
7日(なのか)	8日(ようか)	9日(ここのか)
10日(とうか)	11日(じゅういちにち)	14日(じゅうよっか)
17日(じゅうしちにち)	19日(じゅうくにち)	20日(はつか)
24日(にじゅうよっか)	27日(にじゅうしちにち)	29日(にじゅうくにち)

4 시간읽기 (何時何分ですか)

1時(いちじ)	2時(にじ)	3時(さんじ)	4時(よじ)
5時(ごじ)	6時(ろくじ)	7時(しちじ)	8時(はちじ)
9時(くじ)	10時(じゅうじ)	11時(じゅういちじ)	12時(じゅうにじ)

1分(いっぷん)	2分(にふん)	3分(さんぷん)	4分(よんぷん)
5分(ごふん)	6分(ろっぷん)	7分(ななふん)	8分(はっぷん)
9分(きゅうふん)	10分(じゅっぷん)	30分 (半,はん,반) (さんじゅっぷん)	10分 前 (じゅっぷん まえ)

항공편명(FLIGHT NO.) 읽기

  항공편명은 한국어와 영어로 읽는 것처럼 숫자를 한 자리 단위로 끊어서 읽으며, '0'은 'まる' 또는 'ゼロ'로 읽는다.

473 편 : よん なな さん 便(びん)

704 편 : なな まる よん 便(びん)

001 편 : まる まる いち 便(びん) or ぜろ ぜろ いち 便(びん)

082 편 : まる はち　に 便(びん) or ぜろ はち　に 便(びん)

 일본의 도시 읽기

한자	일본어	한국어
青森	あおもり	아오모리
秋田	あきた	아키타
札幌(千歳)	さっぽろ(ちとせ)	삿포로(치토세)
静岡	しずおか	시즈오카
福岡	ふくおか	후쿠오카
広島	ひろしま	히로시마
函館	はこだて	하코다테
東京(羽田)	とうきょう(はねだ)	도쿄(하네다)
東京(成田)	とうきょう(なりた)	도쿄(나리타)
新潟	にいがた	니가타
大阪(関西)	おおさか(かんさい)	오사카(간사이)
名古屋	なごや	나고야
長崎	ながさき	나가사키
沖縄	おきなわ	오키나와
仙台	せんだい	센다이

기본회화 번역

예약1

예약센터 : 아시아나 항공 예약센터입니다.

　　손님 : 7월 5일 오키나와 행 퍼스트 클래스 예약하고 싶은데요.

예약센터 : 네. 7월 5일 인천에서 오키나와행 퍼스트클래스군요. 예약 도와드리겠
　　　　　습니다. 잠시만 기다려 주십시오.

　　　　　(항공편을 조회하다)

　　　　　손님, 죄송합니다만, 오키나와까지 비즈니스 클래스는 운영하고 있습
　　　　　니다만, 퍼스트 클래스는 운영하지 않습니다.

　　손님 : 아, 그래요.. 그럼 비즈니스 클래스로 부탁합니다.

예약센터 : 네. 손님, 당일 오키나와 행은 두 편 있는데요,

　　　　　오전 9시40분, 오후 6시 20분입니다만.

　　손님 : 오전 9시 40분 비행기로 해 주세요.

예약센터 : 네. 알겠습니다. 그리고 귀국편도 예약해 드릴가요?

　　손님 : 아, 편도로 괜찮아요.

예약센터 : 네. 그럼 손님의 성함과 전화번호를 부탁드립니다.

　　손님 : 이름은 나쓰메 소세키, 휴대폰 번호는 090-8419-5632입니다.

예약센터 : 네. 나쓰메 소세키님, 휴대전화번호는 090-8419-5632군요.

손님, 예약이 완료되었습니다.

7월 5일 아시아나항공 172편 오키나와행은 오전 9시 40분 출발이오니, 인천공항에는 2시간 전까지 와 주시기 바랍니다.

예약2

예약센터 : 일본항공 예약센터입니다.

손님 : 저, 9월 14일 로스앤젤레스에 가려고 하는데요...

예약센터 : 네, 9월 14일 도쿄 나리타 국제공항에서 로스앤젤레스행이요.

잠시만 기다려 주십시오.(항공편을 조회한다.)

손님, 9월 14일 오후 5시 5분 출발 일본항공 062편이 있습니다.

좌석 여유가 있습니다만, 예약을 도와드릴까요?

손님 : 해주세요.

예약센터 : 알겠습니다. 귀국 편 예약도 도와드릴까요?

손님 : 네, 귀국은 9월 27일 예정이에요.

예약센터 : 귀국은 9월 27일을 예정하고 계시군요.

27일 로스앤젤레스 출발 도쿄 나리타 행은, 현지시간 오후 12시 출발 일본항공 061편이 운항되고 있습니다.

손님 : 그래요? 도쿄에는 몇시에 도착하나요?

예약센터 : 도쿄 나리타 도착은 오후 4시 45분을 예정하고 있습니다.

손님 : 그럼, 두 사람 예약 부탁해요.

예약센터 : 두 분이시군요. 성함과 모바일 폰 번호를 알려 주십시오.

손님 : 이시하라 사토미, 마이클 잭슨입니다. 090-6458-7245.

예약센터 : 이시하라 사토미 님과 마이클 잭슨님 두 분의 로스앤젤레스 행 왕복 예약이 완료되었습니다. 예약번호는 4853-4792입니다.

9월 14일 일본항공 062편 로스앤젤레스 행은 오후 5시 5분 출발이오니, 나리타 국제공항에는 2시간 전에 와 주시기 바랍니다.

💬 **예약3**

예약센터 : 브리티시 에어웨이즈입니다.

손님 : 저기요, 11월 20일 런던 행 비행기 왕복을 예약했는데요, 못 가게 되어서, 예약을 취소하려고요.

예약센터 : 네, 11월 20일 런던행이요. 조회해 보겠습니다.

예약번호와 성함을 말씀해 주세요.

손님 : 예약번호는 8411-3463, 셜록 홈즈입니다.

예약센터 : 확인해 보겠습니다. 잠시만 기다려 주십시오.

셜록 홈즈 님, 오래 기다리셨습니다.

11월 20일 런던 행 907편과 귀국 편 908편 왕복을 취소해 드리면 되겠습니까?

손님 : 네, 부탁합니다.

예약센터 : 알겠습니다. 런던 행 왕복 편을 취소했습니다.

그밖에 도와드릴 것은 없습니다.

손님 : 없습니다.

예약센터 : 네, 다시 뵙기를 기다리겠습니다. 감사합니다.

💬 **예약4**

예약센터 : 에어 프랑스입니다.

손님 : 저기, 예약을 변경하려고 하는데요..

예약센터 : 알겠습니다. 예약번호를 알고 계십니까?

손님 : 모르는데요.

예약센터 : 그러면, 며칠날 출발이신가요?

날짜와 성함, 그리고 편명을 부탁드리겠습니다.

손님 : 네, 이름은 설 병진, 10월 16일입니다.

편명은 잘 모르겠지만, 파리 행 왕복입니다.

예약센터 : 확인했습니다. 에어프랑스 901편이군요.

서울에서 파리 왕복이 예약되어 있습니다.

손님 : 저, 파리 가는 편만 10월 16일에서 18일로 변경해 주세요.

예약센터 : 네, 알겠습니다. 손님, 10월 18일로 변경했습니다.

손님 : 고마워요.

예약센터 : 아닙니다. 또 다른 사항이 있으시면 언제든지 전화 주십시오.

오늘도 에어프랑스 항공을 이용해 주셔서 진심으로 감사합니다.

즐거운 하늘 여행을 즐기시기 바랍니다.

💬 예약5

예약센터 : 대한항공입니다.

손님 : 4월 17일 몰디브 행 예약 부탁합니다.

귀국 날짜는 5월 7일이고요, 두 사람입니다.

예약센터 : 네, 4월 17일 몰디브 가는 비행기는, 밤 10시 40분 출발

대한항공 473편과, 5월 7일 귀국 편은 474편입니다.

손님 : 저, 몰디브까지 몇 시간 정도 걸리나요?

예약센터 : 콜롬보를 경유하기 때문에, 그라운드타임 1시간 30분을 포함하면,

실제 비행시간은 11시간 정도 예상됩니다.

손님 : 아, 그래요? 예약 부탁할게요.

예약센터 : 알겠습니다. 두 분의 성함을 여권에 적혀있는 영어 철자로 부탁합니다.

그리고 연락처도 부탁드립니다.

손님 : 다카하시 루미, 가토 마코토, 휴대전화번호는 010-9876-5432.

예약센터 : 손님, 예약해 드렸습니다. 저, 항공권은 가지고 계신가요?

손님 : 아니요. 지불은 신용카드로도 되나요?

예약센터 : 예, 가능합니다. 그럼 발권을 도와드리겠습니다.

손님 : 일시불로 해 주세요.

예약센터 : 알겠습니다. 그럼 E티켓을 보내드리겠습니다.

이메일 주소를 알려 주십시오.

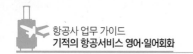
손님 : 네, rumitakahashi@naver.com.

예약센터 : 네, 곧 보내드리겠습니다. 전화 주셔서 감사합니다.

탑승수속1

운송직원 : 안녕하십니까? 어디 가십니까?

탑승객 : ANA862편, 도쿄입니다. 체크인 할 수 있어요?

운송직원 : 네, 이쪽으로 오십시오. 여권과 항공권을 보여 주십시오.

탑승객 : 여기요.

운송직원 : 나카무라 미노루 님, ANA862편이고요, 한 분이십니까?

탑승객 : 네. 도쿄 하네다에는 몇 시에 도착하나요?

운송직원 : 하네다 도착은 9시 55분을 예상하고 있습니다.

　　　　　부치실 짐은 없으신가요?

탑승객 : 네, 기내반입할 짐밖에 없어요.

운송직원 : 알겠습니다.

탑승객 : 저기, 이 근처에 약국 있나요?

운송직원 : 약국은요, 여기를 곧장 가시면 F 카운터 뒤에 있습니다.

탑승수속2

운송직원 : 안녕하십니까? 어디 가십니까?

탑승객 : 삿포로요. 여기서 체크인 할 수 있죠?

운송직원 : 네, 해드리겠습니다. 몇 분이십니까?

탑승객 : 네 명이에요. 네 명이 함께 앉을 수 있을까요?

운송직원 : 글쎄요. 조회해 보겠습니다.

　　　　　우선 여러분의 여권과 항공권을 보여 주십시오.

탑승객 : 네, 여기요.

운송직원 : 손님, 죄송합니다.

공교롭게도 오늘은 만석이라, 세 분은 옆 좌석을 잡을 수 있는데, 한 분은 조금 떨어지겠네요. 괜찮으시겠어요?

탑승객 : 어쩔 수 없죠. 그럼 3명만이라도 부탁할게요.

운송직원 : 네, 알겠습니다.

탑승객 : 삿포로까지는 몇 시간 정도 걸리나요?

운송직원 : 네, 약 2시간 40분 정도 걸릴 겁니다.

💬 탑승수속3

운송직원 : 어서 오십시오.

탑승객 : 도쿄에 갈 건데요..

운송직원 : 네, 일본항공 954 편은, 여기에서 탑승수속을 도와드리겠습니다.

여권과 항공권을 보여 주십시오.

탑승객 : 여기요. 저기, 창가 쪽 좌석 부탁할 수 있나요?

운송직원 : 알겠습니다. 조회해 보겠습니다.

앞 쪽으로 창가 쪽 좌석이 있네요. 잡아 드릴까요?

탑승객 : 아, 다행이다. 고마워요.

운송직원 : 부치실 짐을 여기에 올려놔 주십시오.

탑승객 : 1 개 있어요.

운송직원 : 안에 귀중품이나 깨지기 쉬운 물건은 없습니까?

있으시면, 꺼내 주시겠습니까?

탑승객 : 없어요.

운송직원 : 네, 알겠습니다. 잠시 기다려 주세요.

탑승수속4

탑승객 : 저... 비상구 좌석 있나요?

운송직원 : 조회해 보겠습니다. (조회한다.)

네, 있습니다.

탑승객 : 그럼, 비상구 좌석 잡아 주세요.

운송직원 : 알겠습니다.

손님, 비상구 좌석에 대해 안내해 드리겠습니다.

비상구 좌석에 앉아 계시는 손님께서는, 비상시에 승무원을 도와 주셔

야 합니다. 손님께서는 다른 승객의 긴급탈출을 도와 주셔야 하는데,

손님의 협조 부탁드릴 수 있을까요?

탑승객 : 아, 그럴게요.

운송직원 : 감사합니다. 즐거운 여행 되세요.

탑승수속5

운송직원 : 손님 여러분께 안내말씀 드리겠습니다.

지금부터, 대한항공 001편 도쿄 행 탑승수속을 마감하겠습니다.

대한항공 001편 도쿄로 가시는 손님 중에 아직 탑승수속을 안 하신

분, 계십니까?

탑승객 : 저기요. 저, 아직 체크인 안했어요..

운송직원 : 자, 이쪽으로 오세요. 여권과 항공권을 보여 주세요.

부치실 짐은 없으십니까?

탑승객 : 없습니다.

운송직원 : 네, 이것은 탑승권입니다.

좌석번호는 38의 C입니다. 통로측 좌석이고요.

탑승구는 43번입니다.

출발시간은 17시 40분이니까, 17시 10분까지는

43번 탑승구로 와 주시기 바랍니다.

시간이 별로 없으니까 서둘러 주십시오.

탑승객 : 네, 감사합니다.

탑승 방송

탑승안내

일본항공에서 손님 여러분께 탑승 안내 말씀을 드리겠습니다.
일본항공 954편으로 도쿄 나리타에 출발하시는 손님께서는 지금부터 27번 탑승구에서 탑승해 주시기 바랍니다.

탑승우선안내

안내 말씀 드리겠습니다.
아시아나 항공 172편으로 오키나와로 가시는 손님께서는 지금부터 탑승을 개시하겠습니다. 거동이 불편하신 손님, 어린아이를 동반하신 손님, 임신중이신 손님부터 탑승해 주시기 바랍니다. 계속해서 47번 이후의 좌석번호이신 손님부터 탑승해 주시기 바랍니다.

최종탑승안내

대한항공에서 손님 여러분께 마지막 탑승안내 말씀을 드리겠습니다.
대한항공 001편으로 도쿄 나리타에 가시는 손님께서는, 잠시 후 비행기가 출발하오니 5번 탑승구에서 탑승해 주시기 바랍니다.

승객호출안내

손님을 찾습니다.
ANA 862 편으로 도쿄로 출발하시는 나카무라 마사토시 님, 나카무라 마사토시 님, 서둘러서 46번 탑승구로 와 주시기 바랍니다.

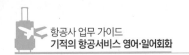
탑승지연안내

제주항공에서 손님 여러분께 안내말씀 드리겠습니다.
9시 출발 예정인 제주항공 1302편 오사카 행은, 이 공항의 짙은 안개로 인하여,
출발이 늦어지고 있습니다. 잠시만 더 기다려 주시기 바랍니다. 바쁘신 가운데에
대단히 죄송합니다.

 객실1

<좌석안내1>

승무원 : 어서 오십시오. 탑승권을 보여 주십시오.
탑승객 : 여기요.
승무원 : 네, 손님 좌석은 기내 뒤쪽입니다. 쭉 들어가 주십시오.

<좌석안내2>

탑승객 A : 저기요. 누가 내 자리에 앉았어요.
　승무원 : 아, 그렇습니까? 탑승권을 보여 주십시오.
탑승객 A : 32-A에요. 여기요.
　　　　　(32-A에 앉아 있는 승객B에게 간다.)
　승무원 : 손님, 탑승권을 보여 주시겠습니까?
탑승객 B : 왜요? 자, 여기요.
　승무원 : 손님, 이 자리는 32-A입니다.
　　　　　손님의 좌석은 33-A, 이 뒷좌석이네요.
　　　　　이동해 주시겠습니까?
탑승객 B : 아, 정말 미안해요. 알겠습니다.
　승무원 : 감사합니다.

 객실2

<이륙준비1>　방송

손님 여러분, 이 비행기는 _____ 로 향하는 대한항공 _____ 편입니다.
여러분의 편의와 안전을 위하여 여러분의 가방은 머리 위 선반이나 좌석 밑에
보관해 주시기 바랍니다. 머리 위 선반을 여실 때는 안에 있는 물건이
떨어질 수 있으니 조심해 주시기 바랍니다. 감사합니다.

승무원 : 이거, 손님의 짐이십니까?

탑승객 : 네, 그런데요.

승무원 : 죄송합니다만,

　　　　짐은 위 선반, 또는 좌석 아래에 넣어 주십시오.

<이륙준비2>　방송

손님 여러분, 우리 비행기는 이제 이륙할 준비가 되었습니다.
안전벨트를 하시고 여러분의 좌석 등받이와 선반을 제자리로 해주시기 바랍니다.
또한, 안전을 위하여 모든 핸드폰을 꺼주시기 바랍니다. 감사합니다.

승무원 : 손님, 잠시 후 이륙하겠습니다. 벨트를 매 주십시오.

　　　　좌석과 테이블은 원래 위치로 해 주십시오.

탑승객 : 네.

객실3

<기내서비스1>

승무원 : 손님, 음료 하시겠습니까? 맥주, 칵테일, 주스 등이 있습니다.

탑승객 : 망고주스 주세요.

승무원 : 죄송합니다. 망고주스는 실리지 않습니다.

　　　　대신 파인애플 주스는 어떠신 지요?

탑승객 : 네, 주세요.

<기내서비스2>

승무원 : 손님, 식사입니다. 테이블을 열어주십시오. 비빔밥입니다.

탑승객 : 네, 감사합니다. 어떻게 먹는거죠?

승무원 : 네, 볼에 밥과 참기름, 고추장을 넣고 비벼서 드시면 됩니다.

　　　　맛있게 드십시오.

<기내서비스 3>

승무원 : 손님, 식사입니다.

탑승객 : 난 안 먹어요. 배 안고파서요. 괜찮아요.

승무원 : 식사는 나중에 서비스가 되지 않습니다. 괜찮으시겠어요?

탑승객 : 괜찮아요, 안 먹어요.

승무원 : 알겠습니다.

객실4

<기내면세품1> 방송

손님여러분, 곧 기내면세품 판매가 시작될 것입니다. 면세품을 사고 싶으신 분은 면세카트가 좌석 옆을 지나갈 때 승무원에게 알려주시기 바랍니다. 미국의 면세 한도는 주류 한 병과 담배 한 보루입니다. 더 많은 정보를 원하신다면, 좌석 주머니에 있는 기내 면세품 잡지를 이용해 주시기 바랍니다. 도움이 필요하신 분은, 저희 승무원이 도와드리겠습니다. 감사합니다.

승무원 : 기내판매입니다. 면세품 어떠십니까?

탑승객 : 조니 워커 2병 주세요.

승무원 : 죄송합니다. 조니 워커는 전부 다 팔렸습니다. 레미마틴은 어떠십니까?

탑승객 : 그럼 그거 2병 주세요.

승무원 : 네, 알겠습니다.

<기내면세품 2>

승무원 : 손님, 불가리 한 개시지요? 62불입니다.

탑승객 : 네, 100불이요.

승무원 : 100불 받았습니다. 32불 거스름돈입니다. 여기 있습니다.

탑승객 : 고마워요.

≡ 객실5

<아픈 승객1>

탑승객 : 죄송합니다만, 제가 배가 아파요.

승무원 : 소화제가 필요하십니까?

탑승객 : 네.

승무원 : 바로 가져다 드리겠습니다. 손님, 여기 있습니다.

　　　　만약 더 좋아지지 않는다면 저희에게 알려 주십시오.

<아픈 승객2>

승무원 : 손님, 머리 아프신 것은 어떠십니까?

탑승객 : 네, 훨씬 좋습니다. 감사합니다.

승무원 : 괜찮으시다니, 좋습니다.

　　　　다른 것이 더 필요하시면 저희에게 알려 주십시오.

탑승객 : 감사합니다.

승무원 : 천만에요.

연습문제 정답 - 영어

예약상황 1

p18 Prectice

	숫자 그대로	~분 지난 ~시	~분 전 ~시
7시 20분 AM	seven twenty am	twenty past seven	forty to eight
10시 50분 PM	ten fifty pm	fifty past ten	ten to eleven
18시 15분	eighteen fifteen	quarter past eignteen	quarter to ninteen
20시 30분	twenty thirty	half past tenty	hafl to twenty one

p19 Prectice

1) flight no. 읽기

KE 032 KE oh three two   OZ 688 OZ six double eight

EK 007 EK double oh seven   CX 888 CX triple eight

2) 전화번호 읽기

044- 665- 2976 oh double four double six five two nine seven six

010- 5554- 3928 oh one oh triple five four three nine two eight

p22 Comprehension Practice

A. 1. on

2. bound for

3. would like to

4. return flight

5. have

B. 1. May I have your address please?

2. Please get to the airport 2 hours before the flight.

3. Would you like to reserve the return flight?

예약상황 2

p34 **Comprehension Practice**

A. 1. be scheduled to

2. runway

3. available

4. Let

5. return

B. 1. I am planning to come back on April 10.

2. They are scheduled to got to cinema tonight.

3. Pilots have to contact control towers during the flight.

예약상황 3

p46 **Comprehension Practice**

A. 1. call off

2. Let

3. with

4. for

5. check

B. 1. She has been ill since she was 5 years old.

2. I don't think I can make it because of a lot of work.

3. I have just canceled a flight to London.

예약상황 4

p55 **Prectice**

1. Great things were invented by Edison.

2. The competition will be won by him.

3. A ring was given to her by him.

4. She was made to join by them.

p56 **Comprehension Practice**

A. 1. as

2. embark

3. is changed

4. No worries

5. by

B. 1. Please contact us whenever you have questions.

2. Your flight from Seoul to Prague is booked.

3. Please let me know your arrival time.

예약상황 5

p68 **Comprehension Practice**

A. 1. accept

2. in installments

3. including

4. for

5. as

B. 1. May I have your name as it's written on your passport.

2. I will pay in a lump sum.

3. Do you take a credit card?

탑승수속1

p83 **Comprehension Practice**

A. 1. along
2. as scheduled
3. hand carry bag
4. estimated departure time
5. am scheduled to

B. 1. He is scheduled to go to America on October.
2. She is on the bus.
3. A chewing gum was attached beneath my desk.

탑승수속2

p94 **Comprehension Practice**

A. 1. How much
2. Unfortunately
3. It
4. Then
5. for

B. 1. How long does it take from here to Sydney?
2. How many people are travelling together?
3. This flight is full today.

탑승수속3

p106 **Comprehension Practice**

A. 1. aisle seat

2. fragile

3. in the middle of

4. available

5. remove

B. 1. Some window seats are available at the back of the cabin.

2. I will check it for you.

3. Please put any valuable things in a safety box.

탑승수속4

p117 **Comprehension Practice**

A. 1. if

2. Disabilities

3. baby bassinet

4. Cabins

5. galley

B. 1. If you are not willing to assist cabin crew, you can't sit on the emergency exit seat.

2. He will wait provided she keeps the promise.

3. What will you do suppose you are proposed?

탑승수속5

p127 **Comprehension Practice**

A. 1. hurry

2. too

3. till

4. enough

5. bulkhead seat

B. 1. They have enough talent to be famous in the world.

2. The test was too difficult to solve.

3. He sings well enough to be a singer.

객실1

p147 **Comprehension Practice**

A. 1. off-load

2. at the back of

3. immediately

4. accommodation

5. assign

B. 1. Your seat is behind this row.

2. He saw her painting a picture.

3. She was promoted very fast working very well.

> 객실2

p162 **Comprehension Practice**

A. 1. ensure

2. may

3. In the event of

4. top up

5. instruct

B. 1. He might as well leave to China.

2. The exits and walkways must be kept clear of baggage at all times.

3. Please fasten your seat belt whenever take off and landing and the seat belt sign is illuminated.

> 객실3

p176 **Comprehension Practice**

A. 1. is supposed to

2. mind

3. entree

4. bitter

5. if

B. 1. My coffee is too strong. It's supposed to be weak.

2. Do you mind if I offer the seafood meal?

3. How would you like your steak?

p189 **Comprehension Practice**

A. 1. carton

2. change

3. get a refund

4. sold out

5. accept

B. 1. I want to exchange 300 dollars into Korean won.

2. You can pay in cash or by credit card.

3. Please refer to the inflight shopping magazine in your seat pocket.

p202 **Comprehension Practice**

A. 1. asthma

2. shortly

3. get

4. is allergic to

5. more

B. 1. If you need anything else, let us know anytime.

2. Do you need some digestive medicine?

3. The sooner, the better.

연습문제 정답 - 일본

예약1

1. (1) しちがつ　とおか
   (2) ろくがつ　にじゅうよっか
   (3) くがつ　ここのか
   (4) しがつ　じゅうぐにち
   (5) ごがつ　じゅうしちにち
   (6) いちがつ　ついたち

2. (1) お帰りの便のご予約もお手伝いいたしましょうか。
   (2) 片道でお願いします。
   (3) ビジネスクラスは運営されております。

예약2

1. (1) お帰りでしょうか。
   (2) お済みでしょうか。
   (3) お呼びでしょうか。
   (4) お出掛けでしょうか

2. (1) お二人のお名前をお願い致します。
   (2) 帰りは10月24日を予定しています。(3) 韓国到着は何時ですか。

예약3

1. (1) お入りください。
   (2) お帰りください。
   (3) おおりください。
   (4) おしめください。
   (5) お休みください。

2. (1) 予約をキャンセルしたいんですけど
   (2) 予約番号とお名前をお願いします。
   (3) ほかにご用はございませんか。
   (4) またのご利用をお待ちいたしております。

예약4

1. (1) ご確認いたす。　　　　　　(2) ご変更いたす。

   (3) お願いいたす。　　　　　　(4) お知らせいたす。

2. (1) 予約番号をご存じでしょうか。　　(2) 何日にご出発でしょうか。

   (3) 楽しいご旅行をおくつろぎください。

예약5

1. (1) チケット　　　　　　　　　(2) センター

   (3) パスポート　　　　　　　　(4) グラウンドタイム

2. (1) パスポートに書かれている英語のスペルをお願いします。

   (2) 航空券をお持ちでしょうか。

   (3) 発券のお支払をお手伝いいたします。

탑승수속1

1. (1) ご説明になる　　　(2) ご到着になる　　　(3) お書きになる

   (4) お買いになる　　　　　　(5) お預けになる

2. (1) どこへいらっしゃいますか。　　(2) パスポートをおみせください。

   (3) 何時頃到着しますか。

   (4) お預けになるお荷物はございませんか。

   (5) 機内持ち込みのお荷物しかありません。

탑승수속2

1. (1) 泳げる　　　　　(2) 取れる　　　　　　(3) できる

   (4) 来られる　　　　　　(5) 調べられる

2. (1) 何名様ですか　　　　　(2) 一緒に座れますか。

   (3) あいにく今日は満席です。

(4) 四名様お隣ののお座席は取れません。

(5) 仕方がありませんね。

---

1. ひとつ　ふたつ　みっつ　よっつ　いつつ　むっつ　ななつ　やっつ
　　ここのつ　とお

2. (1) 搭乗手続きをお手伝いいたします。

　　(2) 窓側のお座席をお願いします。

　　(3) 貴重品や壊れやすいものはございませんか。

　　(4) お取りいただけますか。

---

1. (1) 連絡させていただきます。　　　　(2) 失礼させていただきます。

　　(3) 拝見させていただきます。

2. (1) 非常口について少しご案内いたします。

　　(2) お客さまのご協力お願いできますか。

　　(3) ほかのお客さまの脱出をお手伝いしなければなりません。

---

1. (1) 東京行きのお客さまは7番ゲートまでお越しくださいませ。

　　(2) あまり時間がありませんのでお急ぎください。

　　(3) 搭乗手続きをなさってない方はいらっしゃいませんか。

　　(4) 搭乗手続きをしめきらせていただきます。

　　(5) お座席は通路側です。

객실1

1. (1) 奥の方へお進みください。 (2) 搭乗券をお見せください。
   (3) 移動していただけますか。 (4) 誰か私の席に座ってますよ。
   (5) お客さまのお座席はこの後ろです。
   (6) どうしてですか。
2. (1) 奥の方へお進みください。 (2) 搭乗券をお見せください。
   (3) 移動していただけますか。

객실2

1. (1) お客さまのお荷物ですか。
   (2) お荷物はお座席の下にお入れください。
   (3) まもなく離陸いたします。
   (4) ベルトをおしめください。
   (5) テーブルはもとの位置におもどしください。

객실3

1. (1) お飲み物は何になさいますか。 (2) ビール3本ください。
   (3) お食事はいかがですか。 (4) 赤ワインと白ワインがございます。
   (5) おかわりはいかがですか。

객실4

1. (1) 免税品には何がありますか。

(2) ジョニグロは全部出てしまいました。

(3) 350ドルいただきました。

(4) 44ドルのおかえしです。

(5) レミーマーティンはいかがですか。

객실5

1. (1) お腹が痛いです。

(2) 体の具合いが悪くなりました。

(3) 消化剤をお持ちしましょうか。

(4) ご用がございましたら、いつでもお呼びください。

(5) すっかりよくなりました。

항공사 업무 가이드
기적의 항공서비스
영어·일어회화

저자 소개

| 낭귀임 |

- 부천대 항공서비스과 교수

- 호주 시드니 Macquarie University 언어학 학사학위 취득
- 호주 시드니 New South Wales University TESOL 석사학위 취득
- 경기대학교 관광학 박사학위 수료

- UAE 두바이 Emirates Airline 객실승무원
- KOTRA 두바이지사 전시회 통역

| 전수미 |

- 부천대학교 항공서비스과 출강
- 신구대학교 항공서비스과 출강
- 대림대학교 항공서비스과 출강

- 동경외국어대학교 일본어학과
- 한국외대 대학원 일어일문학과 석사학위 취득
- 한국외대 대학원 일어일문학과 박사과정 수료

- (주)대한항공 객실승무원
- (주)대한항공 오사카공항지점 운송직
- (주)퍼스트항공 객실사무장

항공사 업무 가이드
기적의 항공서비스
영어 · 일어회화

초판 1쇄 발행   2020년 8월 30일
2판 1쇄 발행   2021년 8월 25일

저 자   낭 귀 임 · 전 수 미
펴낸이   임 순 재
펴낸곳   (주)한올출판사
등 록   제11-403호
주 소   서울시 마포구 모래내로 83(성산동 한올빌딩 3층)
전 화   (02) 376-4298(대표)
팩 스   (02) 302-8073
홈페이지   www.hanol.co.kr
e-메일   hanol@hanol.co.kr
ISBN   979-11-6647-124-7

항공사 업무 가이드
기적의 항공서비스
영어·일어회화